Handlungsorientierte Materialien

Wirtschaftspolitik/ Wirtschaftsordnung

Jürgen Böker, Thomas Kreye,
Thomas Meyer, Klaus Richter

winklers verlag

Inhaltsverzeichnis

Vorwort

Eine moderne schulische und berufliche Bildung muss sich den Anforderungen stellen, die der Strukturwandel in Wirtschaft und Gesellschaft hervorgebracht hat. Das reine Ansammeln von Faktenwissen verliert zunehmend an Bedeutung, stattdessen rückt Handlungsorientierung in den Vordergrund. Schlüsselqualifikationen, wie z.B. Denken in Zusammenhängen, Kreativität und Teamfähigkeit, bestimmen die Anforderungen an eine zukunftsweisende schulische und berufliche Bildung.

Um diesen Qualifikationsanforderungen gerecht werden zu können, müssen neue Lehr-Lern-Materialien bereitgestellt werden. Das vorliegende Arbeitsheft „Wirtschaftspolitik/Wirtschaftsordnung" versucht diese Erwartungen zu erfüllen. Im Rahmen einer Fallstudie gilt es, sich mit den Problemen staatlicher Wirtschaftspolitik auseinanderzusetzen. Aus der Sicht der Bundesregierung als einem wichtigen Entscheidungsträger unserer repräsentativen Demokratie sind wirtschaftspolitische Entscheidungen im Zeichen der Globalisierung der Märkte, hoher Arbeitslosigkeit und geringen Wirtschaftswachstums zu treffen.
Im Laufe des Entscheidungsprozesses sind wirtschaftspolitische Ziele zu hinterfragen, Zielkonflikte zu problematisieren, konjunkturpolitische Zusammenhänge zu erkennen. Eine moderne Wirtschaftspolitik muss sich den Themenfeldern der Zukunft stellen: einer neuen Arbeitsmarktpolitik, der Veränderung des Sozialsystems, dem ökologischen Umbau von Gesellschaft und Staat, der Weiterentwicklung von Zukunftstechnologien und dem europäischen Zusammenschluss im Zeichen der Globalisierung der Märkte.

Im Rahmen der Fallstudie wird staatliche Wirtschaftspolitik mit den Ansprüchen unterschiedlicher gesellschaftlicher Interessengruppen konfrontiert, politisches Handeln wird auf seine Folgewirkungen hin überprüft.

In der vorliegenden 2. Auflage des Arbeitsheftes „Wirtschaftspolitik/Wirtschaftsordnung" wurden alle für die Bearbeitung der Fallstudie relevanten historischen Veränderungen berücksichtigt. Das Datenmaterial wurde aktualisiert. Inhaltlich wurden die Einwanderungsdebatte sowie die Frage der Erweiterung der Europäischen Union ergänzt.

Autorenteam und Verlag sind weiterin für Verbesserungsvorschläge und kritische Hinweise dankbar. Wir wünschen viel Spaß und Erfolg bei der Arbeit mit diesen Materialien.

Autoren und Verlag — Braunschweig, Frühjahr 2002

Piktogramm-Erläuterung

Folgende Piktogramme werden in diesen Lehr-Lern-Materialien als Orientierungshilfen verwendet:

Die Fallstudie zur Wirtschaftspolitik ist chronologisch aufgebaut, sie beginnt am 2. März.

Dieses Piktogramm kennzeichnet alle Informationen, die zur Falllösung notwendig sind. Vertiefende Informationen können bei Bedarf z.B. mithilfe des im Anhang befindlichen Literaturverzeichnisses oder des Internets beschafft werden.

Dieses Piktogramm weist auf Materialien in Form von Quellentexten hin, die den Schülerinnen und Schülern als Arbeitsgrundlage für themenfeldbezogene Gruppenarbeit dienen.

Das PC-Symbol zeigt an, bei welchen Arbeitsschritten die Anwendung neuer Technologien bei Bedarf erfolgen kann.

Dieses Piktogramm kennzeichnet Arbeitsaufträge. Die Lösungsvorschläge zu den Aufgaben sollten zunächst mit einem Bleistift eingetragen werden, damit Korrekturen bei der Auswertung und dem Vergleich der Antworten möglich sind.

Dieses Piktogramm zeigt an, an welchen Stellen des Arbeitsheftes eine Auswertung der Gruppenergebnisse mithilfe einer Lehrkraft oder eines Ausbilders sinnvoll erscheint. Es handelt sich hierbei um Vorschläge. Die zeitliche Einteilung der Auswertungsphasen kann verändert werden.

Methodische Hinweise

Die vorliegenden Lehr-Lern-Materialien zur Wirtschaftspolitik und Wirtschaftsordnung sollten möglichst in Gruppen- oder Partnerarbeit abschnittsweise erarbeitet werden um die Kooperationsfähigkeit der Lernenden zu fördern. Ein spezielles Piktogramm gibt an, an welchen Stellen eine Auswertung der Gruppenergebnisse unter Hinzuziehung der Lehrkraft bzw. des Ausbilders empfehlenswert ist. Selbstverständlich kann die Lerngruppe auch andere Entscheidungen treffen. Die Lehrkraft sollte sich prinzipiell eher als Moderator/-in oder Lernberater/-in in den Lehr-Lern-Prozessen begreifen, die Schülerinnen und Schüler sollten so stark wie möglich selbstständig die Lernaktivitäten steuern.

Die Makrosequenz Wirtschaftspolitik wird – ausgehend von einer komplexen Ausgangssituation – in Form einer Fallstudie von den Lernenden erschlossen. Sie versetzen sich in unterschiedliche Rollen, zum Teil handeln sie fiktiv als Bundesregierung, zum Teil als Vertreter der großen gesellschaftlichen Interessengruppen. Dabei wurde vom Autorenteam Wert darauf gelegt, dass das Lerntempo von den Schülerinnen und Schülern selbst bestimmt werden kann. Zu diesem Zweck ist es möglich, Teilaufgaben aus Zeitgründen zu überspringen oder Aufgabenstellungen sinnvoll zu ergänzen, ohne dass der rote Faden der Fallstudie verlorengeht. Als methodische Ergänzung erscheinen besonders die Integration der neuen Medien sowie die Arbeit mit dem Internet zur Aufgabenbearbeitung geeignet um beispielsweise aktuellstes Zahlenmaterial einbringen zu können. Im Anhang befindet sich dazu ein Anschriftenverzeichnis der wichtigsten wirtschaftspolitischen Institutionen. Dieses soll die selbstständige Informationsbeschaffung unterstützen. Das PC-Piktogramm zeigt an, bei welchen Arbeitsschritten die Nutzung neuer Medien sinnvoll sein kann. Die Lernenden sollten in diesem Sinne flexibel mit dem Arbeitsheft umgehen um so beispielsweise ihren individuellen Lernvoraussetzungen gerecht werden zu können.

Die in die Aufgabenstellung eingearbeiteten Methoden orientieren sich an der Grundidee der Schlüsselqualifizierung. Fach-, Methoden- sowie Sozialkompetenz stehen bei ihrer Vermittlung gleichberechtigt nebeneinander. Der Vermittlung der Fachkompetenz dienen beispielsweise umfangreiche Informationsmaterialien, mit deren Hilfe sämtliche Aufgaben bewältigt werden können. Zur Förderung der Methoden- und Sozialkompetenz sind beispielsweise Rollenspiele, die Vorbereitung und Durchführung eines Hearings sowie – im Rahmen einer Fallerweiterung zum Thema Wirtschaftsordnung – eine Zukunftswerkstatt integriert. Gerade die Zukunftswerkstatt bietet die Möglichkeit Analyse- und Kritikfähigkeit sowie Kreativität zu fördern.

Ein weiterer Schwerpunkt methodischer Arbeit ist aus der Sicht des Autorenteams auf die jeweilige Präsentation der Arbeitsergebnisse zu legen. Entsprechende Vorschläge zur Gestaltung der Präsentation sind in den Aufgabenstellungen enthalten, individuelle Entscheidungen der Präsentierenden sollten auch hier für weitere Vielfalt und Abwechslung sorgen.

Ein Stichwortverzeichnis am Ende des Arbeitsheftes erleichtert den flexiblen Umgang mit den verwendeten Fachbegriffen.

Im Anhang sind Rollenkarten enthalten, die im Zusammenhang mit der Aufgabe 10 benutzt werden können. Die Rollenkarten haben die Funktion den Lernenden eine Hilfestellung bei der inhaltlichen Ausgestaltung der zu übernehmenden Rolle zu geben. Zu diesem Zweck sind auf den Karten die jeweiligen Interessenstandpunkte der Handelnden stichwortartig festgehalten. Eine zusätzliche Leerkarte bietet die Möglichkeit eine weitere handelnde Person in das Rollenspiel zu integrieren.

Die im Anhang vorhandenen Kärtchen mit den im Arbeitsheft enthaltenen Fachbegriffen bieten die Möglichkeit auf spielerische Weise die Fachkompetenz zu erhöhen bzw. eine Lernerfolgskontrolle durchzuführen.

Das Autorenteam wünscht viel Spaß beim kreativen Umgang mit den Lehr-Lern-Materialien.

2., überarbeitete Auflage, 2002

im Westermann Schulbuchverlag GmbH
Postfach 11 15 52, 64230 Darmstadt
http:/www.winklers.de
Druck: westermann druck GmbH, Braunschweig
ISBN 3-8045-**5062**-2

2
März

Das Bundeskabinett tritt unter Leitung der Bundeskanzlerin, Frau Dr. Renate Grundtland, zusammen, um über aktuelle politische Probleme zu beraten.

Das Bundeskanzleramt in Berlin

An der heutigen Kabinettsrunde nehmen die folgenden Personen teil:

Bundesministerin Menges
Bundesministerium der Justiz

Bundesminister Petersen
Bundesministerium der Verteidigung

Bundesminister Eckmann
Bundesministerium für Gesundheit

Bundesministerin Asmussen
Bundesministerium für besondere Aufgaben *(Chefin des Bundeskanzleramtes)*

Bundesministerin Hasselbach
Bundesministerium der Finanzen

Bundesministerin Hohenfeldt
Bundesministerium für Familien, Senioren, Frauen und Jugend

Bundesminister Wülfing
Bundesministerium für Wirtschaft und Technologie

Bundesminister Baumgartner
Bundesministerium für Umwelt, Naturschutz und Reaktorsicherheit

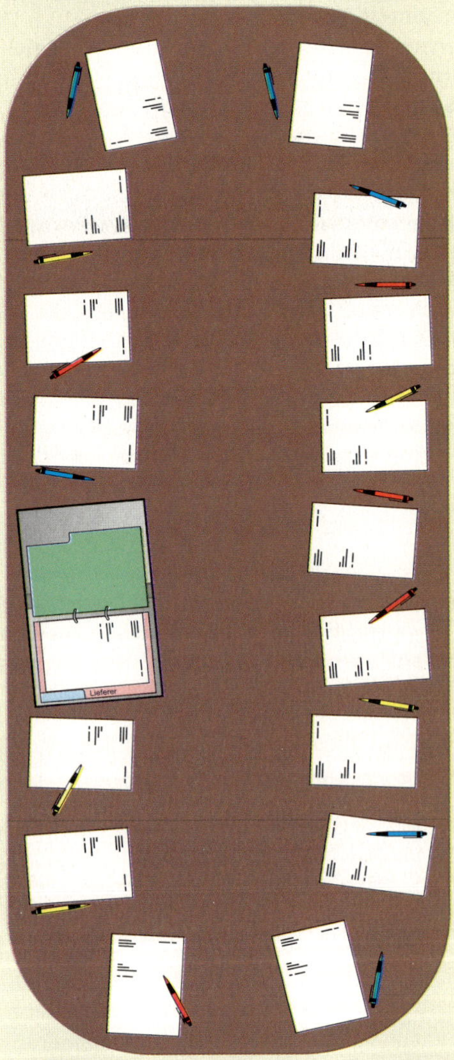

Bundeskanzlerin Dr. Grundtland

Bundesministerin Hartwig
Bundesministerium für Arbeit und Sozialordnung

Bundesministerin Uhlenberg
Bundesministerium des Innern

Bundesministerin Dr. Goldbach
Bundesministerium für Bildung und Forschung

Bundesminister Flammann
Bundesministerium für Verbraucherschutz, Ernährung und Landwirtschaft

Bundesminister von Heesen
Auswärtiges Amt

Bundesminister Janssen
Bundesministerium für Verkehr, Bau- und Wohnungswesen

Bundesministerin Maas
Bundesministerium für wirtschaftliche Zusammenarbeit und Entwicklung

Frau Weber

Protokoll

Tagesordnung der Kabinettssitzung vom 2. März 200.

TOP 1: Die aktuelle wirtschaftliche Lage
TOP 2: Haushaltsplanung für den sozialen Wohnungsbau
TOP 3: Kostenentwicklung in der Sozialversicherung
TOP 4: Energiepolitische Entwicklung im Hinblick auf die Zwischen- und Endlagerungsproblematik des Atommülls
TOP 5: Beteiligung deutscher Wissenschaftler am aktuellen Raumfahrtprojekt der NASA
TOP 6: Entwicklung im Nah-Ost-Konflikt
TOP 7: Kulturabkommen mit Russland
TOP 8: Kooperationsabkommen mit der Volksrepublik China
TOP 9: Verschiedenes

Die Lage der Weltwirtschaft und der deutschen Wirtschaft
im Frühjahr 200.

Frühjahrsgutachten deutscher wirtschaftswissenschaftlicher Forschungsinstitute zur Wirtschaftslage

Inhaltsverzeichnis

Bundeskanzlerin Dr. Grundtland:

Meine Herren, meine Damen, die Tagesordnung der heutigen Kabinettsrunde ist Ihnen bekannt; kommen wir rasch zu TOP 1: Die aktuelle wirtschaftliche Lage. Ihnen liegt seit letzter Woche das Frühjahrsgutachten der Wirtschaftsforschungsinstitute vor. In diesem Gutachten werden Probleme der gegenwärtigen Wirtschaftslage offen angesprochen. Ich nenne nur die folgenden Stichpunkte: Massenarbeitslosigkeit, hohe Staatsverschuldung sowie Anpassungsprobleme unserer Wirtschaft an internationale Strukturveränderungen. Ende letzter Woche fand unter meiner Leitung eine Gesprächsrunde mit den Bundesministern für Arbeit und Soziales, für Finanzen und Wirtschaft zu diesen aktuellen Problemen statt. Zur näheren Erläuterung übergebe ich zunächst an Herrn Bundeswirtschaftsminister Wülfing.

Bundesminister Wülfing:

Sehr verehrte Damen und Herren, wie Sie aus dem Frühjahrsgutachten entnehmen konnten, haben wir zwar ein leichtes Wirtschaftswachstum zu verzeichnen, allerdings ist keine Entspannung auf dem Arbeitsmarkt abzusehen: Die Arbeitslosenquote ist gegenüber dem Vorjahr praktisch unverändert. Eine der Hauptursachen für diese Entwicklung ist der internationale Wettbewerbsdruck: Die inländischen Unternehmen müssen sich im Zeichen der Globalisierung der Märkte an das internationale Preisniveau anpassen, Kosteneinsparungen wurden vor allem im Personalbereich vorgenommen. Die Auswirkungen dieser Entwicklung auf den Staatshaushalt sollten vielleicht von Frau Bundesministerin Hasselbach noch einmal zusammengefasst werden.

Bundesministerin Hasselbach:

Meine sehr verehrten Herren und Damen, auf der Einnahmenseite führte das Anwachsen der Arbeitslosigkeit zu deutlichen Steuermindereinnahmen. Auf der Ausgabenseite musste die Bundesanstalt für Arbeit vom Bund stärker bezuschusst werden. Außerdem mussten Unternehmen, die sich in der Umstrukturierungsphase befanden, in hohem Maße subventioniert werden; exportorientierte Unternehmen erhielten erhebliche staatliche Kreditgarantien, soweit sie in neue Risikomärkte, z.B. Osteuropa, lieferten. Alle diese Entwicklungen führten dazu, dass die Staatsausgaben in stärkerem Maße als die Staatseinnahmen gestiegen sind, d.h. das Staatsdefizit weiter zugenommen hat.

Aufgabe 1:

Stellen Sie die im Dialog von Bundesminister Wülfing und Bundesministerin Hasselbach geäußerten wirtschaftlichen Zusammenhänge in strukturierter Form (z. B. Ablaufdiagramm) dar. Verwenden Sie dazu den folgenden Freiraum.

Entscheiden Sie, ob Sie diese Aufgabenstellung in Partner- oder Gruppenarbeit lösen möchten. Klären Sie mit Ihrer Lehrkraft, wie die Arbeitsergebnisse in der Klasse verglichen und gegebenenfalls ergänzt werden können.

Bundeskanzlerin Dr. Grundtland:

Frau Hasselbach, Herr Wülfing, ich danke Ihnen für die prägnante Zusammenfassung der aktuellen wirtschaftlichen Entwicklung. Meine Damen und Herren, es stellt sich die Frage, wie sich diese aufgezeigte Entwicklung auf unsere wirtschaftspolitischen Eckdaten, z. B. die Arbeitslosenquote oder das Wirtschaftswachstum, zukünftig auswirken werden. Genauso wichtig ist die Analyse unserer zukünftigen Stellung im Welthandel und die Entwicklung von der Industrie- zur Dienstleistungsgesellschaft. Die künftig einzuleitenden Maßnahmen werden von der Beantwortung dieser Fragestellungen abhängen.

Aufgabe 2:

Untersuchen Sie, wie sich Ihrer Meinung nach die im Dialog der Kabinettsrunde beschriebenen weltwirtschaftlichen Veränderungen auf

I. die Höhe der Arbeitslosigkeit (Informationsmaterial S. 12f.),
II. das Wirtschaftswachstum (Informationsmaterial S. 14),
III. die Entwicklung zur Dienstleistungsgesellschaft (Informationsmaterial S. 15),
IV. die Höhe des Im- und Exports von Waren, Dienstleistungen und Kapital (Informationsmaterial S. 16ff.)

in der deutschen Wirtschaft auswirken.

a) Bilden Sie zur Bearbeitung dieser Fragestellungen Arbeitsgruppen, die jeweils einen dieser Aspekte untersuchen. Prüfen Sie mithilfe der für Ihre Arbeitsgruppe relevanten Informationsmaterialien, ob aufgrund der weltwirtschaftlichen Entwicklungen eher eine Zu- oder Abnahme der jeweiligen Größe zu erwarten ist. Begründen Sie jeweils Ihre getroffene Einschätzung.
Vereinbaren Sie mit Ihren Mitschülerinnen und Mitschülern, welchen Zeitumfang Sie für die Bearbeitung dieser Aufgabenstellung benötigen.

b) Präsentieren Sie im Anschluss an Ihre Gruppenarbeit die erarbeiteten Ergebnisse in geeigneter Form (z. B. mithilfe einer Wandzeitung oder OHP-Folie). Beachten Sie dabei die auf S. 11 genannten Präsentationsregeln.

c) Reflektieren Sie die präsentierten Arbeitsergebnisse und prüfen Sie Zusammenhänge; halten Sie diese als Ergebnissicherung fest. Verwenden Sie den auf der Seite 20 zur Verfügung stehenden Freiraum.

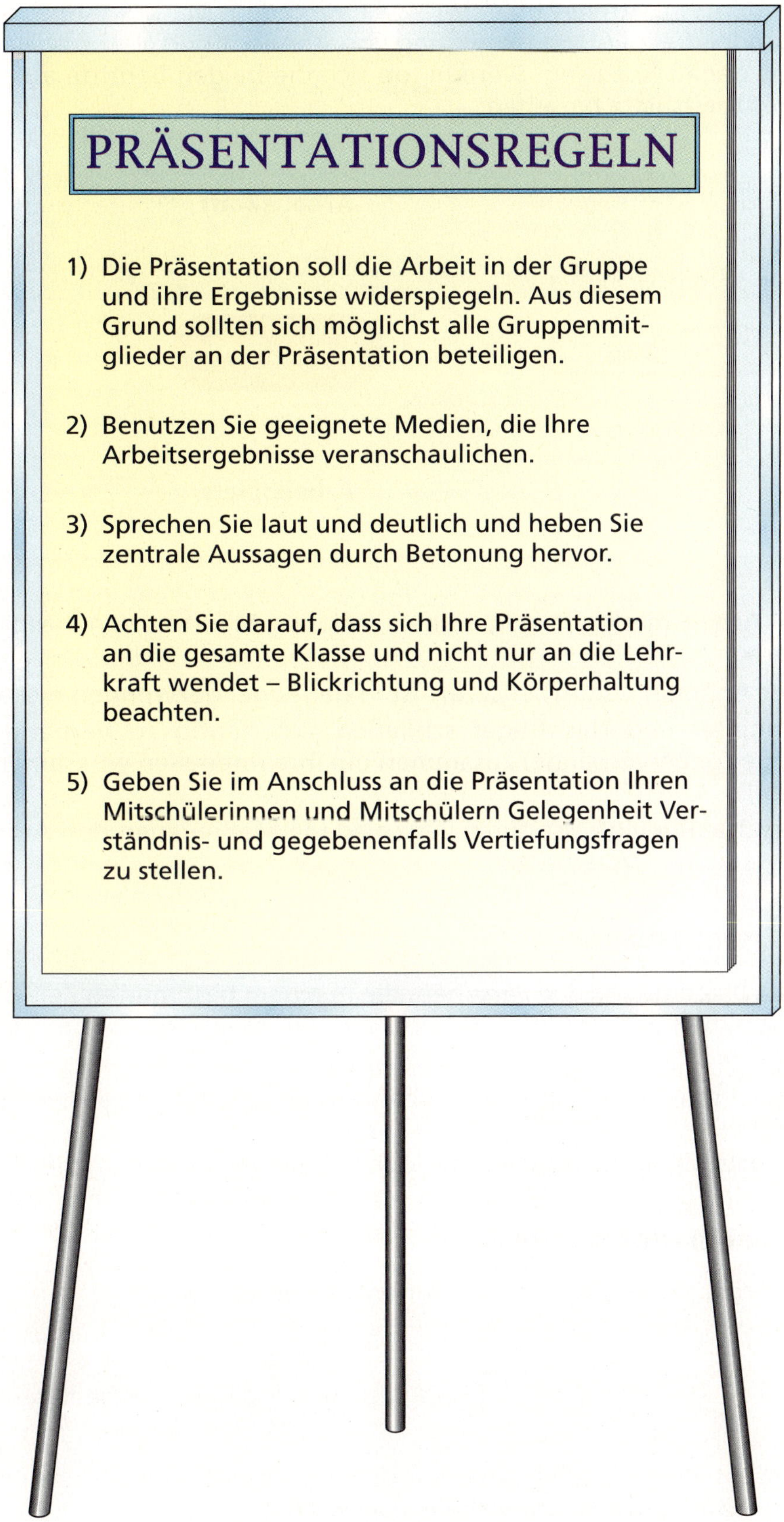
PRÄSENTATIONSREGELN
1) Die Präsentation soll die Arbeit in der Gruppe und ihre Ergebnisse widerspiegeln. Aus diesem Grund sollten sich möglichst alle Gruppenmitglieder an der Präsentation beteiligen.
2) Benutzen Sie geeignete Medien, die Ihre Arbeitsergebnisse veranschaulichen.
3) Sprechen Sie laut und deutlich und heben Sie zentrale Aussagen durch Betonung hervor.
4) Achten Sie darauf, dass sich Ihre Präsentation an die gesamte Klasse und nicht nur an die Lehrkraft wendet – Blickrichtung und Körperhaltung beachten.
5) Geben Sie im Anschluss an die Präsentation Ihren Mitschülerinnen und Mitschülern Gelegenheit Verständnis- und gegebenenfalls Vertiefungsfragen zu stellen.

Arbeitsmarkt, Erwerbstätige, Arbeitslosenquote

I. Arbeitsmarkt

Auf dem Arbeitsmarkt treffen – wie auf jedem Markt – Angebot und Nachfrage aufeinander. Bei der Unterscheidung von Angebot und Nachfrage auf dem Arbeitsmarkt muss genau festgelegt werden, ob sich die beiden Begriffe auf die **Arbeitskraft** oder den **Arbeitsplatz** beziehen:

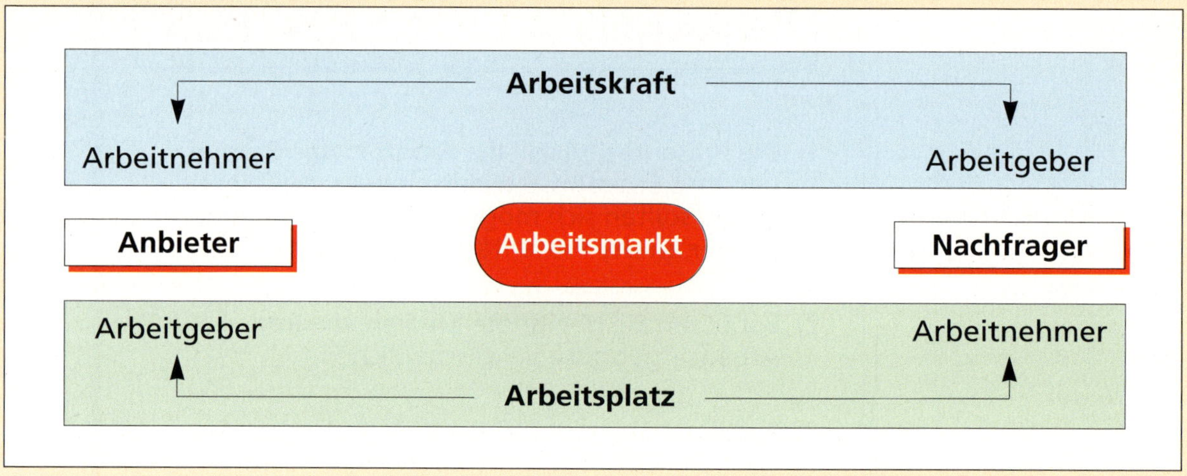

Der **Arbeitsmarkt** ist gegenüber anderen Märkten von **besonderen Bedingungen** geprägt:

- der Anbieter von Arbeitskraft ist in der Regel gezwungen diese anzubieten;
- Anbieter und Nachfrager schließen sich häufig zu Verbänden (Gewerkschaften, Arbeitgeberverbände) zusammen um ihre Interessen wirksamer durchsetzen zu können;
- der Staat beeinflusst durch verschiedene Maßnahmen den Arbeitsmarkt, z. B. durch Gesetze und Vorschriften.

II. Erwerbstätige

Erwerbstätige sind alle Personen, die in einem bestimmten Zeitraum zur Erzielung von Einkommen arbeiten (ca. 40 Mio., d.h. knapp die Hälfte der Einwohner der Bundesrepublik Deutschland). Sie setzen sich zusammen aus:

- Arbeitern, Angestellten oder Beamten (abhängige Erwerbstätige[1], ca. 35 bis 40 Mio.) und
- Selbstständigen und mithelfenden Familienangehörigen (ca. 2 Mio.).

III. Arbeistlosenquote

Die Arbeitslosenquote in Prozent errechnet sich wie folgt:

$$\frac{\text{Arbeitslose} \times 100}{\text{abhängige Erwerbstätige} + \text{Arbeitslose}^{2}}$$

Sie dient als aussagefähigere und besser vergleichbare Berechnungsgröße der Arbeitslosigkeit als die absolute Arbeitslosenzahl.

[1] einschließlich aller Auszubildenden (ca. 1 Mio.)
[2] abhängige Erwerbstätige + Arbeitslose = abhängige Erwerbspersonen

Versteckte Arbeitslosigkeit, Langzeitarbeitslosigkeit

IV. Gründe der Arbeitslosigkeit

- **Saisonale Schwankungen**

  Saisonale Arbeitslosigkeit entsteht durch jahreszeitlich bedingte Saisoneinflüsse, z. B. schlechte Witterungsbedingungen in der Bauindustrie oder der Landwirtschaft.

- **Konjunkturelle Schwankungen**

  Konjunkturelle Arbeitslosigkeit entsteht durch eine allgemeine Abschwächung der Wirtschaftstätigkeit, z. B. aufgrund mangelnder Nachfrage.

- **Strukturelle Veränderungen**

  Strukturelle Arbeitslosigkeit entsteht durch das Schrumpfen einzelner Wirtschaftszweige wie z. B. der Textilindustrie bzw. durch das Wachsen von neuen Wirtschaftszweigen wie z. B. der Multimedia-Branche.

- **Wechsel des Arbeitsverhältnisses**

  Friktionelle Arbeitslosigkeit entsteht vorübergehend, wenn bei einem Arbeitsplatzwechsel das Arbeitsverhältnis aus organisatorischen Gründen zeitlich nicht nahtlos ineinander übergeht.

V. Versteckte Arbeitslosigkeit

Von versteckter Arbeitslosigkeit wird gesprochen, wenn

- sich Arbeitslose beim Arbeitsamt nicht registrieren lassen, da sie keine Ansprüche auf Arbeitslosengeld oder -hilfe mehr geltend machen können,
- Arbeitslose in Umschulungsmaßnahmen eintreten oder
- Arbeitslose oder durch Arbeitslosigkeit Bedrohte in den vorzeitigen Ruhestand eintreten.

VI. Langzeitarbeitslosigkeit

Ein erhebliches Problem besteht in der so genannten Langzeitarbeitslosigkeit. Diese liegt vor, wenn Arbeitslose länger als ein Jahr ohne Arbeit sind (in Deutschland ca. 30 % der Arbeitslosen).

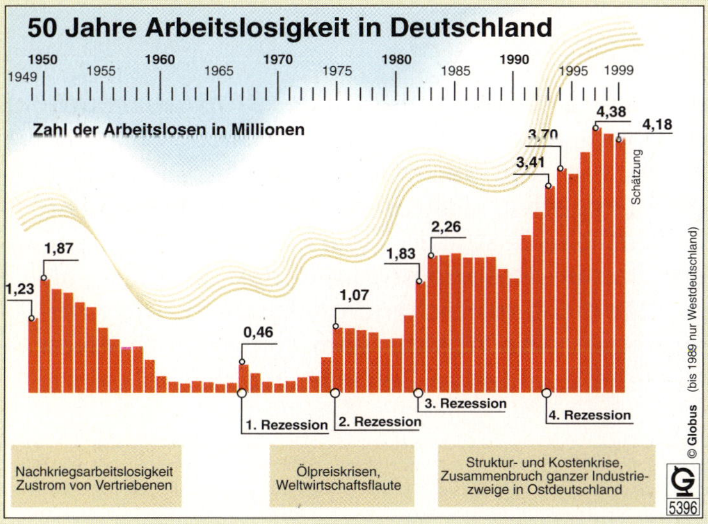

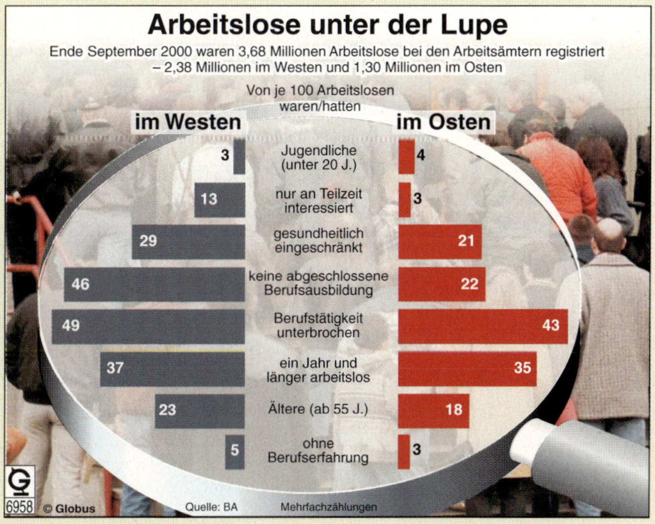

i

Bruttosozialprodukt (BSP), Bruttoinlandsprodukt (BIP), Wirtschaftswachstum

I. Bruttosozialprodukt (BSP)

Das Bruttosozialprodukt ist der zu Marktpreisen gemessene Wert aller in einer Periode erstellten Güter und Dienstleistungen, die von den Staatsbürgern innerhalb einer Volkswirtschaft erwirtschaftet wurden *(Inländerkonzept).*

II. Bruttoinlandsprodukt (BIP)

Das Bruttoinlandsprodukt ist der zu Marktpreisen gemessene Wert der innerhalb der Staatsgrenzen einer Volkswirtschaft erstellten Güter und Dienstleistungen in einer Periode *(Inlandskonzept).*

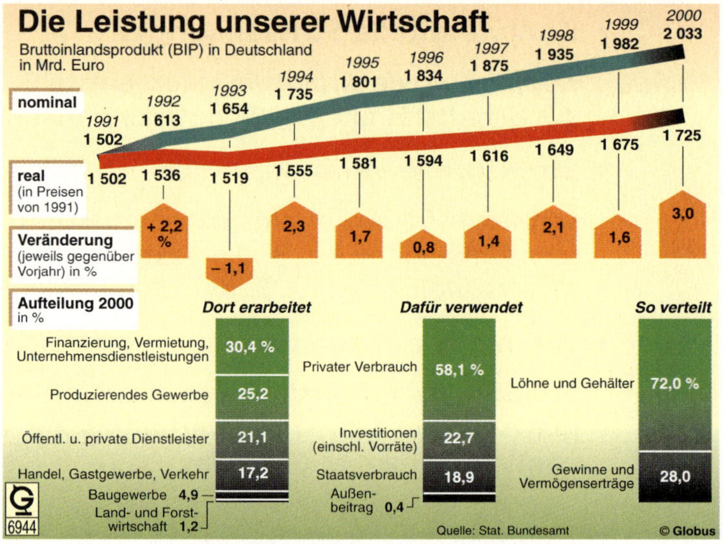

BIP = BSP + der von Ausländern im Inland produzierten Güter
– der von Inländern im Ausland produzierten Güter

III. Wirtschaftswachstum[1]

Unter Wirtschaftswachstum versteht man die prozentuale Veränderung des realen Bruttosozialprodukts oder des Bruttoinlandsprodukts eines Jahres gegenüber dem Vorjahr. Zieht man vom Bruttosozialprodukt zu Marktpreisen (nominales BSP) die Preissteigerungsrate (Inflationsrate) ab, erhält man das aussagekräftigere reale Bruttosozialprodukt.

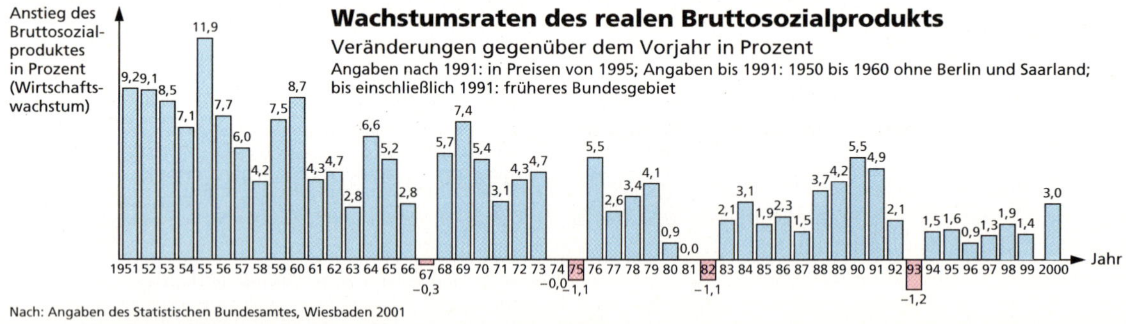

IV. Kritik an der Theorie des Wachstums

An der Wachstumstheorie wird kritisiert, dass für die Berechnung des Bruttosozialprodukts nur die „bezahlte Arbeit" berücksichtigt wird. Das bedeutet, manche nicht bezahlte „positive" gesellschaftliche Leistung, wie z. B. Nachbarschaftshilfe, wird statistisch nicht erfasst. Andererseits erhöhen „negative" Faktoren, wie Kriegsereignisse oder Unfälle, durch entsprechende wirtschaftliche Leistungen, wie z. B. hohe Rüstungsausgaben oder Schadensbeseitigungen, das Bruttosozialprodukt, das demnach als Maßstab von Wohlstand und Lebensqualität nicht ausreichend geeignet ist. Die Kritiker der Wachstumstheorie fordern deswegen eine Abkehr vom rein quantitativen Wachstumsbegriff, sie sprechen sich für eine qualitative Betrachtung des volkswirtschaftlichen Wachstums aus.

[1] Geringfügige Abweichungen in den Zahlenwerten des Wirtschaftswachstums in den Grafiken erklären sich aus nachträglichen statistischen Korrekturen.

Strukturveränderungen der deutschen Wirtschaft

Die Struktur einer Volkswirtschaft lässt sich am Anteil der einzelnen Wirtschaftssektoren an der Gesamtleistung dieser Volkswirtschaft messen. In der Regel werden drei Wirtschaftssektoren unterschieden:

- Der **primäre Sektor** bezeichnet die Urproduktion. Darunter werden alle Betriebe der Rohstoffgewinnung (Gewinnungsbetriebe) zusammengefasst. Hierzu gehören die Land-, Forst- und Fischwirtschaft, der Bergbau und die Öl- und Gasgewinnung.
- Der **sekundäre Sektor** beinhaltet die Be- und Verarbeitung von Rohstoffen in Handwerks- und Industriebetrieben (Weiterverarbeitungsbetriebe). Bedeutende Industriebranchen in Deutschland sind z. B. die Automobil-, die Maschinenbau- und die Chemieindustrie.
- Der **tertiäre Sektor** (Dienstleistungssektor) umfasst die „verteilende Wirtschaft" (Handelsbetriebe) mit den Groß- und Einzelhandelsbetrieben sowie weitere Dienstleistungsbetriebe, wie z. B. Banken, Versicherungen, Transportunternehmen und Werbeagenturen.

Die folgenden Grafiken zeigen, wie sich das Größenverhältnis der einzelnen Sektoren der deutschen Wirtschaft zueinander verändert hat.

Erwerbstätige nach Produktionssektoren (Deutsches Reich und Bundesrepublik[1] 1800-1998)

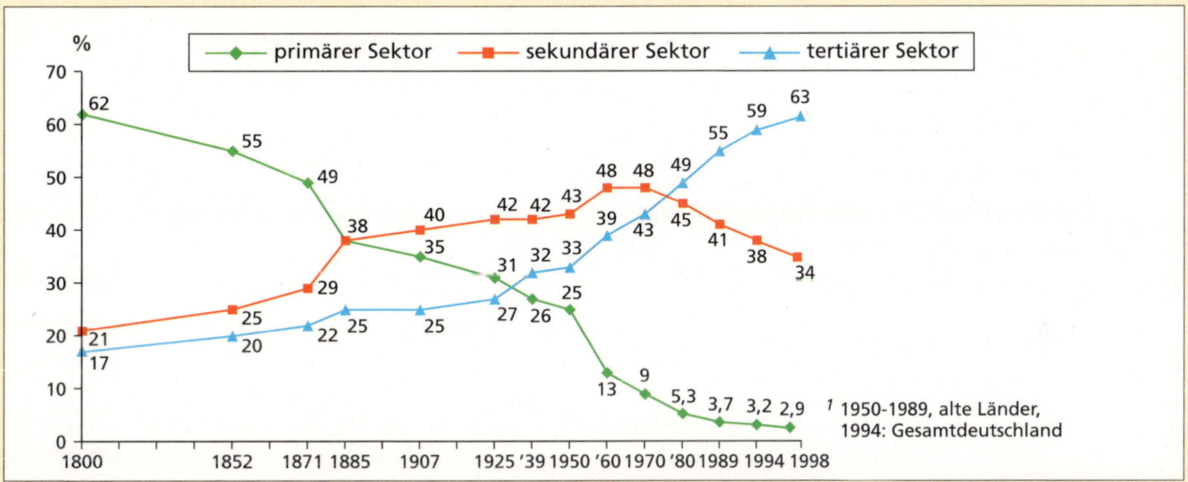

Wertschöpfung1 nach Produktionssektoren 1850-1994 (Deutsches Reich und Bundesrepublik2)

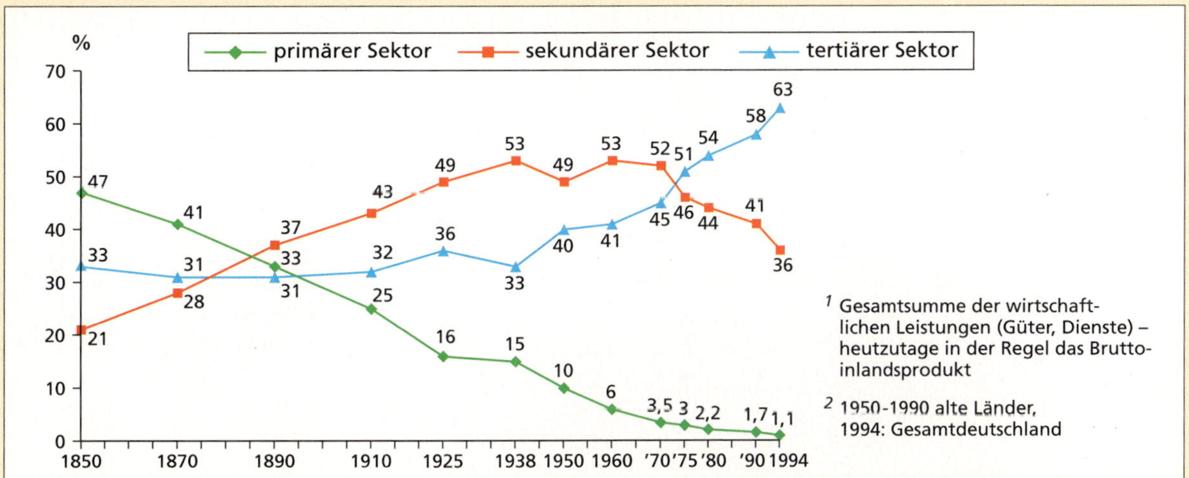

Nach: Geißler, R., Die Sozialstruktur Deutschlands, Opladen 1996 und Informationen zur politischen Bildung Nr. 269, 4. Quartal 2000, Bonn

Außenhandel, Welthandel

I. Außenhandel

Der Außenhandel umfasst den grenzüberschreitenden Warenverkehr einer Volkswirtschaft. In der Außenhandelsstatistik erfassen die Staaten jeweils den Import (Einfuhr) und den Export (Ausfuhr) von Waren; in der so genannten **Handelsbilanz** werden beide Größen saldiert. Sind die Exporte größer als die Importe, spricht man von einer **aktiven Handelsbilanz** (Handelsbilanzüberschuss); im umgekehrten Fall von einer **passiven Handelsbilanz** (Handelsbilanzdefizit).

1 Import (Einfuhr) von Waren

Entwicklung der Wareneinfuhr[1]

Jahr	Einfuhr[2] in Mrd. Euro[3]	Bruttoinlandsprodukt (BIP) in Mrd. Euro	Einfuhr in % des BIP (Importquote)
1960	21,8	154,8	14,1
1965	36,0	234,8	15,3
1970	56,0	345,3	16,2
1975	94,2	524,9	17,9
1980	174,5	752,6	23,2
1985	237,1	932,2	25,4
1990[4]	293,2	1.240,4	23,6
1995	339,6	1.801,3	18,9
2000	544,2	2.032,9	26,8

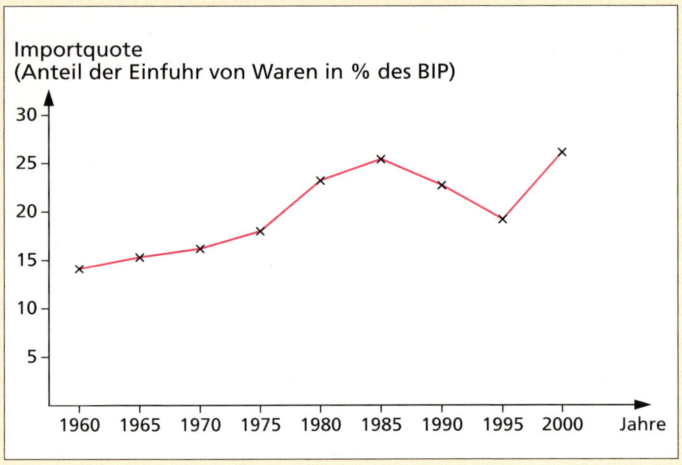

Die **Importquote** gibt den prozentualen Anteil des Warenimportes am Bruttoinlands- oder am Bruttosozialprodukt[5] an.

Die Struktur des Imports spiegelt den Anteil unterschiedlicher Warengruppen (z. B. ernährungswirtschaftliche Produkte, Rohstoffe, Halb- und Fertigwaren) am Import wider.

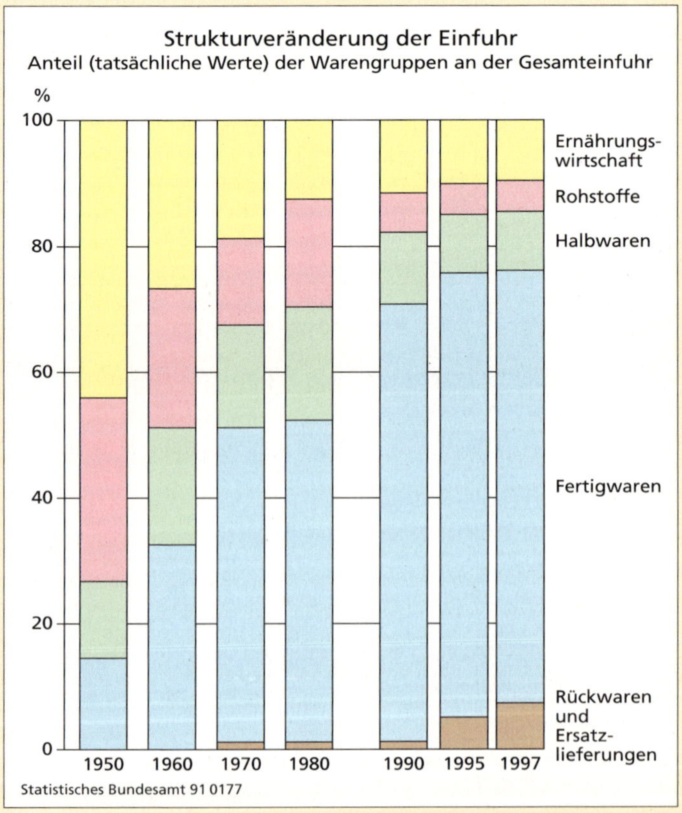

1 Tabelle nach: Datenreport 1994, S. 261, Tabelle 2 und Statistisches Bundesamt a. a. O.
2 Spezialhandel entsprechend der Außenhandelsstatistik. Er erfasst den Import von Waren ohne Transportkosten.
3 Umrechnungskurs für 1 Euro = 1,95583 DM
4 Bis 1990 früheres Bundesgebiet, ab 1991 Deutschland.
5 In der Fachliteratur werden die Import- und Exportquote unterschiedlich definiert, d. h. entweder auf das BIP oder das BSP bezogen.

2 Export (Ausfuhr) von Waren

Entwicklung der Warenausfuhr[1]

Jahr	Ausfuhr[2] in Mrd. Euro[3]	Bruttoinlandsprodukt (BIP) in Mrd. Euro	Ausfuhr in % des BIP (Exportquote)
1960	24,5	154,8	15,8
1965	36,7	234,8	15,6
1970	62,9	345,3	18,2
1975	113,3	524,9	21,6
1980	179,1	752,6	23,8
1985	274,7	932,2	29,5
1990[4]	348,1	1.240,4	28,1
1995	383,2	1.801,3	21,3
2000	596,8	2.032,9	29,4

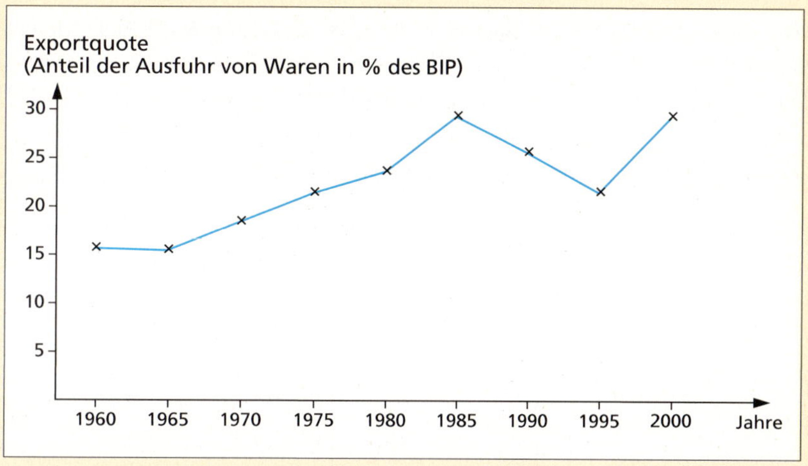

Die **Exportquote** gibt den pro-zentualen Anteil des Warenexportes am Bruttoinlands- oder am Bruttosozialprodukt an.

Die Struktur des Exports spiegelt den Anteil unterschiedlicher Warengruppen (z. B. Straßenfahrzeuge, Maschinen, chemische Erzeugnisse)[5] wider.

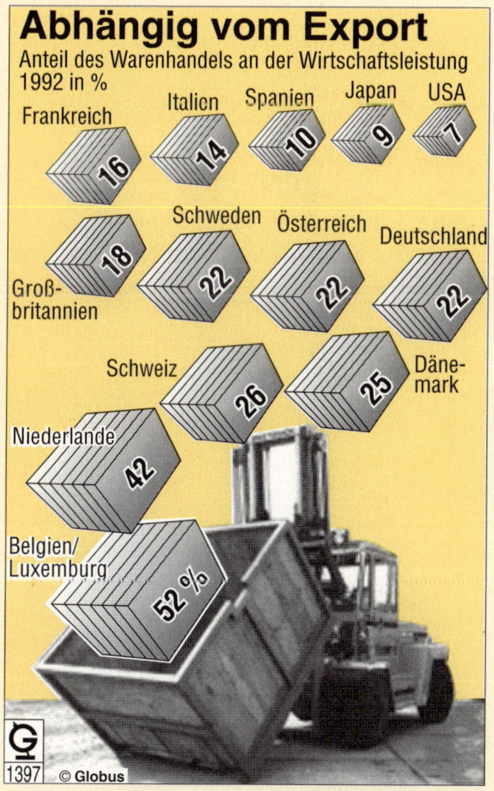

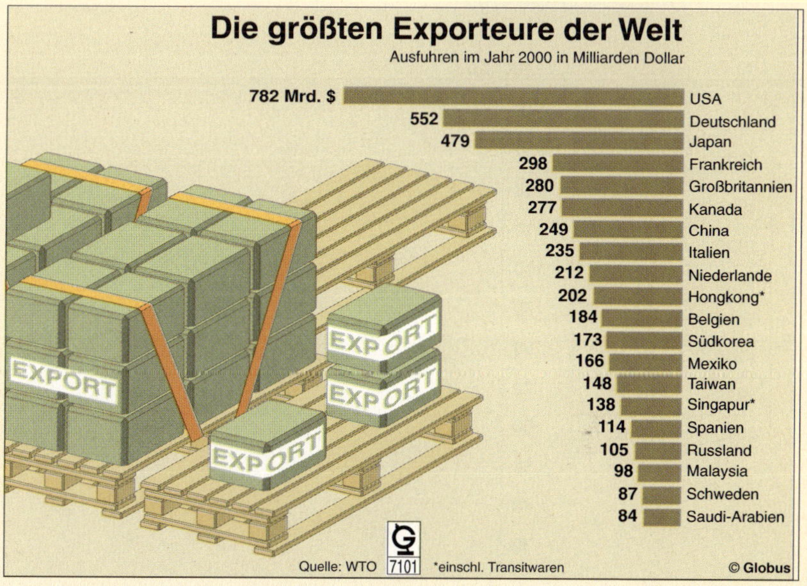

1 Tabelle nach: Datenreport 1994, S. 261, Tabelle 2 und Statistisches Bundesamt a. a. O.
2 Spezialhandel entsprechend der Außenhandelsstatistik. Er erfasst den Export von Waren ohne Transportkosten.
3 Umrechnungskurs für 1 Euro = 1,95583 DM
4 Bis 1990 früheres Bundesgebiet, ab1991 Deutschland.
5 Die veröffentlichten Statistiken des Statistischen Bundesamtes bzw. der Deutschen Bundesbank nennen als Warengruppen Erzeugnisse des Grundstoff- und Produktionsgüter-, des Investitionsgüter- und des Verbrauchsgütergewerbes.

II. Ein- und Ausfuhr von Dienstleistungen

Bei der Inanspruchnahme von ausländischen Dienstleistungen entstehen für die Wirtschaftssubjekte in einer Volkswirtschaft **Ausgaben** (z. B. für Auslandstourismus), bei der Ausfuhr von Dienstleistungen entstehen **Einnahmen** (z. B. für Transportleistungen).

Ausgaben für die Einfuhr von Dienstleistungen (Mrd. Euro)

Jahr	Ausgaben in Mrd. Euro
1971	14,6
1975	23,6
1980	37,0
1985	46,9
1990	62,9
1995	88,3
2000	137,4

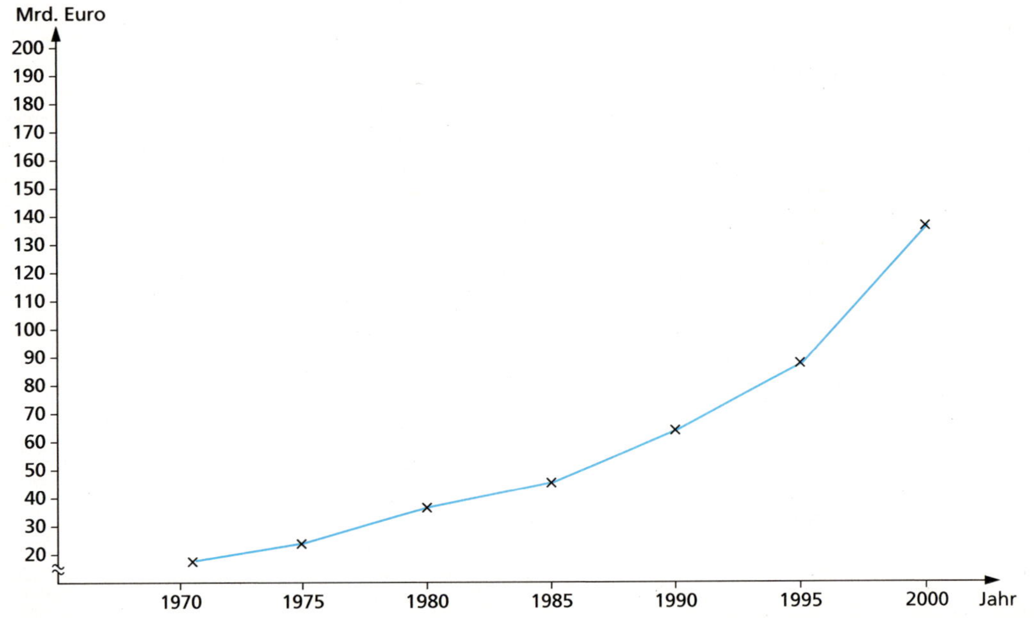

Nach: Zahlungsbilanzstatistik der deutschen Bundesbank, Frankfurt/Main 2001

Einnahmen für die Ausfuhr von Dienstleistungen (Mrd. Euro)

Jahr	Einnahmen in Mrd. Euro
1971	13,6
1975	20,1
1980	31,3
1985	46,2
1990	53,8
1995	61,5
2000	92,9

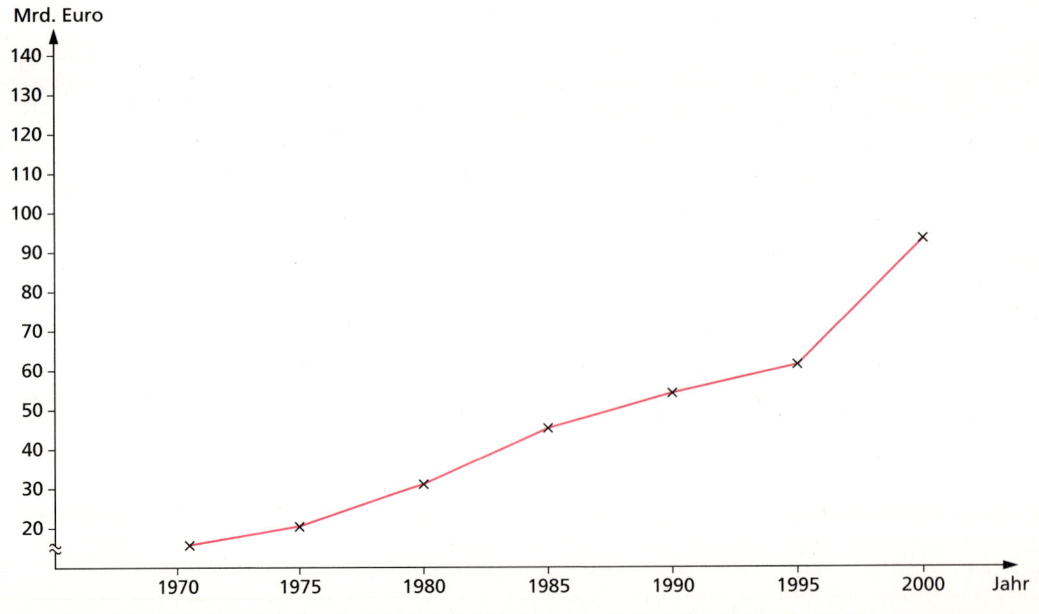

Nach: Zahlungsbilanzstatistik der deutschen Bundesbank, Frankfurt/Main 2001

III. Ein- und Ausfuhr von Kapital (Kapitalimport und Kapitalexport)

Von **Kapitalimport** wird gesprochen, wenn Ausländer in Deutschland Direktinvestitionen vornehmen, Wertpapiere (z. B. Aktien) kaufen oder z. B. kurz- oder langfristige Kredite an Inländer vergeben.

Bundesrepublik Deutschland: Einfuhr von Kapital ab 1971 in Mrd. Euro

Jahr	Kapital-Import gesamt	davon		
		Direkt-investit.	Wert-papiere	Kredite
1971	8,0	2,0	1,0	5,0
1975	14,3	0,8	– 0,7	14,2
1980	26,9	0,3	0,4	26,2
1985	27,8	0,8	19,2	7,8
1990	47,5	2,0	9,9	35,6
1995	127,3	9,9	43,3	74,1
2000	357,7	191,1	46,1	120,5

* Nicht berücksichtigt wurden die Werte der sonstigen Kapitaleinfuhr.

Nach: Zahlungsbilanzstatistik der deutschen Bundesbank, Frankfurt/Main 2001

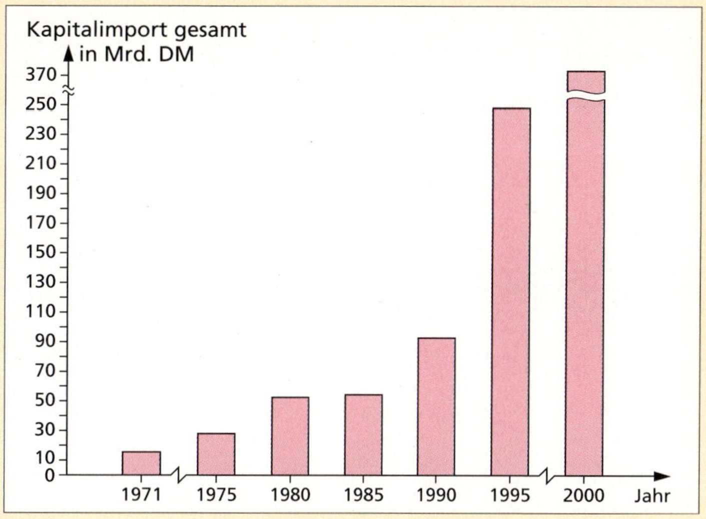

Von **Kapitalexport** wird gesprochen, wenn Inländer im Ausland Direktinvestitionen vornehmen, Wertpapiere (z. B. Aktien) kaufen oder z. B. kurz- oder langfristige Kredite an das Ausland vergeben.

Bundesrepublik Deutschland: Ausfuhr von Kapital ab 1971 in Mrd. Euro (Nettokapitalexport)

Jahr	Kapital-Export gesamt	davon		
		Direkt-investit.	Wert-papiere	Kredite
1971	– 3,6	– 2,1	0,2	– 1,5
1975	– 20,7	– 2,7	– 1,3	– 16,3
1980	– 26,8	– 4,4	– 3,9	– 18,2
1985	– 56,4	– 7,7	– 16,1	– 31,5
1990	– 93,8	– 19,8	– 12,8	– 60,1
1995	– 89,8	– 28,4	– 16,7	– 42,6
2000	– 347,7	– 52,7	– 210,3	– 84,7

* Nicht berücksichtigt wurden die Werte der sonstigen Kapitaleinfuhr.

Nach: Zahlungsbilanzstatistik der deutschen Bundesbank, Frankfurt/Main 2001

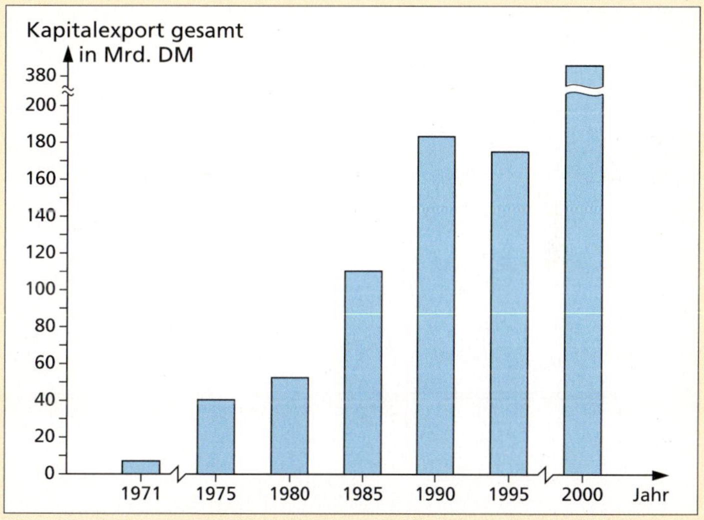

IV. Welthandel

Die Summe sämtlicher Exporte der einzelnen Länder wird zum Welthandelsvolumen zusammengefasst. In der Regel wird es wertmäßig in einer Leitwährung ausgedrückt, bisher ist dies der US-Dollar.

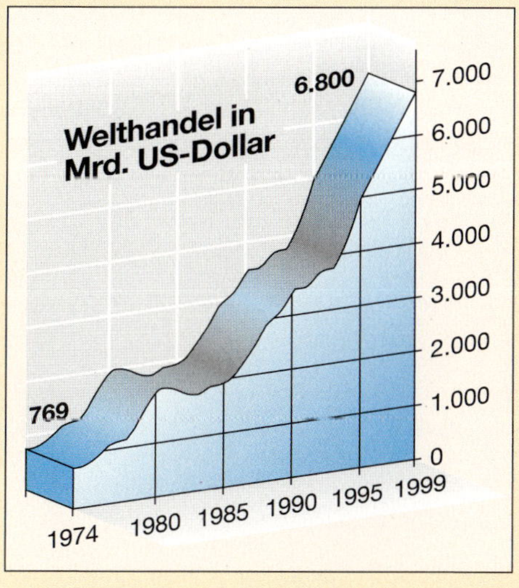

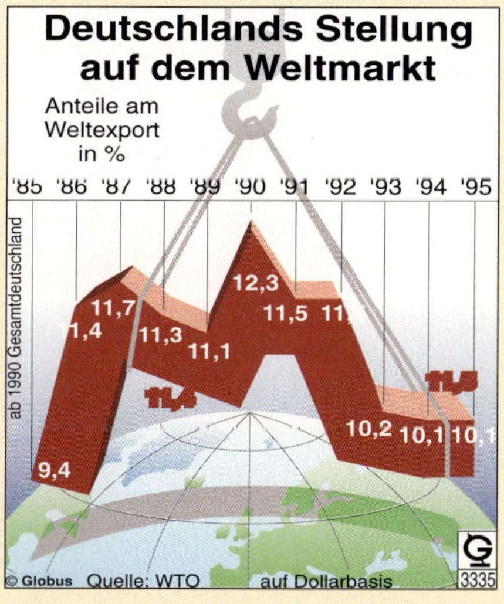

Ergebnissicherung

Bundesminister Wülfing: Meine Damen und Herren, wie Sie aus dem Frühjahrsgutachten der Wirtschaftsforschungsinstitute entnehmen können, ist es sehr wichtig, gezielte Maßnahmen zu ergreifen um unsere wirtschaftspolitischen Ziele zu erreichen.

Bundesministerin Goldbach: Meiner Meinung nach kommt es bei diesen Maßnahmen allerdings darauf an, dass sie auf die derzeitige konjunkturelle Lage abgestimmt sind.

Bundesminister Wülfing: Frau Goldbach, das wird in unserer Kabinettsrunde sicherlich unstrittig sein. Es stellt sich jedoch die Frage, an welcher Stelle des konjunkturellen Verlaufs wir uns zurzeit befinden. Wird das Bruttoinlandsprodukt weiterhin leicht ansteigen oder werden wir mit einem Konjunktureinbruch zu rechnen haben?

Aufgabe 3:

Die beiden Bundesminister erörtern in ihrem Dialog die Schwierigkeit, die augenblickliche konjunkturelle Lage eindeutig zu bestimmen.

Verschaffen Sie sich aufgrund des folgenden Informationsmaterials einen Überblick über das Konjunkturphasenmodell. Bilden Sie zu jeder der vier Konjunkturphasen eine Arbeitsgruppe und bearbeiten Sie jeweils die folgenden Aufgaben:

a) Klären Sie in Ihrer Arbeitsgruppe, wie sich die folgenden Größen in der entsprechenden Konjunkturphase verhalten:

	Aufschwung	Hochkonjunktur	Abschwung	Konjunkturtief
• Bruttoinlandsprodukt				
• Auftragseingänge in Unternehmen				
• Beschäftigungsgrad				
• Löhne und Gehälter				
• Gewinne				
• Konsumausgaben der Endverbraucher				
• Investitionen der Unternehmen				
• Preise von Gütern und Dienstleistungen				
• Sparleistungen von Unternehmen und Konsumenten				

Benutzen Sie für die jeweilige Zustandsbeschreibung der Größen die folgenden Symbole:

stark steigend ++ steigend + unverändert 0 sinkend – stark sinkend ––

b) Prüfen Sie anhand der folgenden Grafik, wie häufig die Ihrer Arbeitsgruppe zugeordnete Konjunkturphase zwischen 1970 und heute nachweisbar ist und dokumentieren Sie festgestellte Auffälligkeiten.

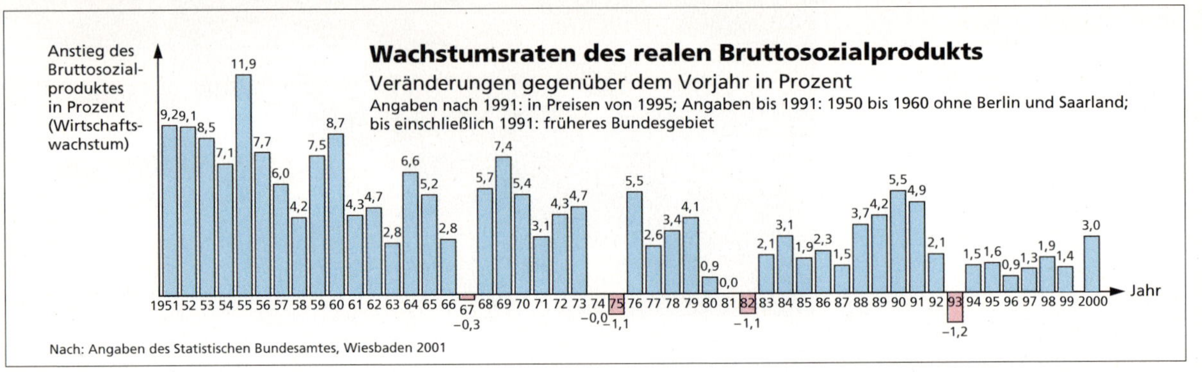

Konjunkturphasenmodell

I. Entstehung des Vier-Phasen-Schemas

Die wirtschaftliche Aktivität in einer Volkswirtschaft, die sich z. B. in der Höhe der Güterproduktion ausdrückt, unterliegt unterschiedlich starken Schwankungen. Das Auf und Ab dieser wirtschaftlichen Entwicklung wurde über Jahrzehnte gemessen und statistisch ausgewertet. Die dabei festgestellten Regelmäßigkeiten ließen es zu, die gewonnenen Datenreihen zum so genannten **Konjunkturphasenmodell** zusammenzufassen. Die Wirtschaftswissenschaftler sprechen seitdem von einem **Konjunkturzyklus,** der in seiner Wellenbewegung die vier Konjunkturphasen Aufschwung, Hochkonjunktur, Abschwung und Konjunkturtief umfasst.

II. Die Konjunkturphasen[1]

Klassischer Konjunkturverlauf

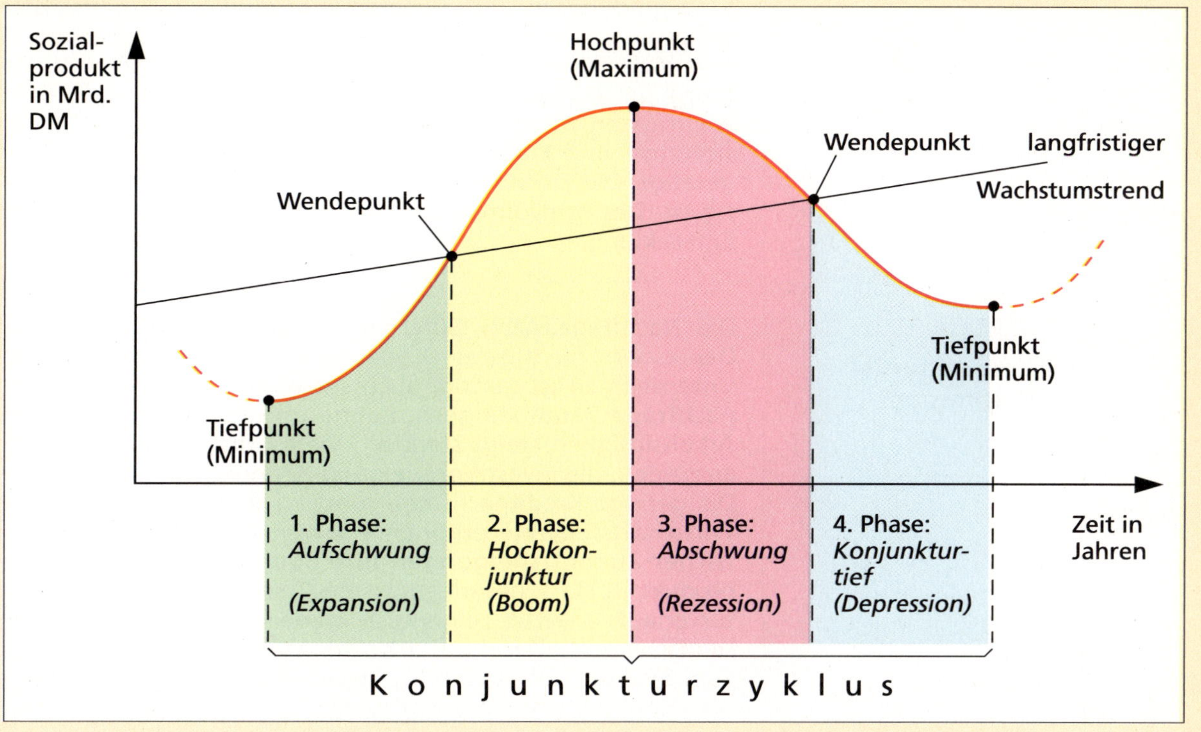

Konkjunkturphase	Charakteristische Merkmale
1. Phase: **Aufschwung** (Expansion)	Die Nachfrage nach Gütern und Dienstleistungen von privaten Haushalten (Verbrauchern), den Unternehmen, dem Staat und dem Ausland steigt. Als Folge davon werden mehr Güter produziert bzw. Dienstleistungen erbracht. Die höhere Nachfrage führt zu Preissteigerungen. Soweit es notwendig erscheint, werden infolge der erhöhten Produktion mehr Arbeitskräfte eingestellt. Unternehmen erhöhen aufgrund optimistischer Erwartungen die Investitionen. Als Folge des erhöhten Verbrauchs und der gestiegenen Investitionen werden mehr Kredite nachgefragt, wodurch die Zinsen steigen. Arbeitnehmerorganisationen (Gewerkschaften) können i. d. R. höhere Löhne und Gehälter im Rahmen von Tarifverhandlungen durchsetzen. Die Gewinne der Unternehmen nehmen aufgrund der gestiegenen Kapazitätsauslastung und des erhöhten Umsatzes zu.
2. Phase: **Hochkonjunktur** (Boom)	Die Kapazitäten in der Wirtschaft sind aufgrund der sehr hohen Nachfrage voll ausgelastet. Sonderschichten und Überstunden werden in vielen Unternehmen geleistet, es herrscht Vollbeschäftigung, zum Teil sogar Arbeitskräftemangel. Die Einkommen steigen, aber auch die Preise und Zinsen ziehen weiter an. Weiter zunehmende Investitionen führen zu einer fortlaufenden Produktion, bis es schließlich zu einer Überhitzung kommt: man spricht von einer Überproduktion, die Marktsättigung ist erreicht. An diesem Punkt nimmt das Bruttoinlandsprodukt nicht weiter zu, es tritt nun eine Wende dieser Entwicklung ein.

[1] Die begriffliche Abgrenzung der einzelnen Konjunkturphasen ist in der Fachliteratur Gegenstand von Diskussionen. Beispielsweise wird diskutiert, ob der Fachausdruck Depression nur dann benutzt werden sollte, wenn die wirtschaftliche Lage extreme Formen, wie z. B. in der Weltwirtschaftskrise von 1929, annimmt. (Vgl. Altmann, Jörn: Wirtschaftspolitik. 6., erweiterte Auflage, Stuttgart, Jena 1995, S. 50 ff.)

3. Phase: **Abschwung** (Rezession)	Die Marktsättigung führt dazu, dass die Nachfrage stagniert und schließlich sinkt. Die Erstellung von Gütern und Dienstleistungen passt sich der abnehmenden Nachfrage an, der Kapazitätsauslastungsgrad in den Unternehmen wird geringer. Arbeitskräfte werden entlassen und die Löhne und Gehälter beginnen zu sinken. Geringere Nachfrage führt zu fallenden Preisen. Die Unternehmen nehmen aufgrund pessimistischer Absatz- und Gewinnerwartungen nur noch die wichtigsten Investitionen vor. Es werden vornehmlich Rationalisierungs- und Ersatzinvestitionen statt Erweiterungsinvestitionen getätigt. Die Zinsen sinken, da die Nachfrage nach Krediten rückläufig ist. Das Bruttoinlandsprodukt sinkt als Folge der eingetretenen Entwicklung.
4. Phase: **Konjunkturtief** (Depression)	Die Nachfrage nach Gütern und Dienstleistungen erreicht in der Depression niedrigstes Niveau. Die Kapazitätsauslastung in den Unternehmen ist gering, auch sinkende Preise können die Gesamtnachfrage kaum steigern. Löhne und Gehälter sinken weiter, die Arbeitslosigkeit steigt stark an. Viele Unternehmen müssen Konkurs anmelden, die Investitionsneigung befindet sich auf einem Tiefpunkt. Die geringe Kreditnachfrage führt zu sehr niedrigen Zinssätzen. Die Wirtschaftssubjekte erhöhen – soweit möglich – aufgrund pessimistischer Zukunftsneigungen ihre Sparneigung. Das Bruttoinlandsprodukt ist stark gesunken. Ist die Talsohle (Tiefpunkt) des Konjunkturverlaufs erreicht, zeigen sich wieder leichte Aufschwungzeichen. In Deutschland helfen häufig Nachfrageimpulse aus dem Ausland, die zum großen Teil auf die geringen Preise zurückzuführen sind, aus dem Konjunkturtief herauszukommen.

III. Von der Konjunkturanalyse zur Konjunkturprognose: Die Konjunkturindikatoren

Zur Beschreibung und Analyse der einzelnen Phasen des Konjunkturverlaufs werden charakteristische Merkmale der wirtschaftlichen Entwicklung herangezogen, wie z. B. Höhe der Kapazitätsauslastung in der Industrie oder die Höhe des Bruttoinlandsprodukts. Diese Merkmale haben aber nicht nur beschreibenden Charakter, sie dienen auch der **Konjunkturprognose.** Aussagen über die Zukunft der wirtschaftlichen Entwicklung sind z. B. für Unternehmen wichtig um Investitionsentscheidungen abzusichern oder sie dienen dem Staat um den Konjunkturverlauf rechtzeitig durch **konjunkturpolitische Maßnahmen,** wie z. B. Veränderung des Steuersatzes, zu beeinflussen.

Man kann die **Konjunkturindikatoren** nach ihrer zeitlichen Beziehung zum Konjunkturverlauf einteilen in:

- vorlaufende Indikatoren (Frühindikatoren),
- gleichlaufende Indikatoren (Gegenwartsindikatoren),
- nachlaufende Indikatoren (Spätindikatoren).

Art des Konjunkturindikators	Beispiele
vorlaufend (Frühindikator)	• Geschäftserwartungen von Unternehmen • Entwicklung der Aktienkurse • Auftragseingänge in Unternehmen • Baugenehmigungen
gleichlaufend (Gegenwartsindikator)	• Kapitätsauslastung in Industrieunternehmen • Höhe der industriellen Produktion • Einzelhandelsumsatz • Außenhandelsumsatz
nachlaufend (Spätindikator)	• Zahl der Beschäftigten bzw. Arbeitslosen • Zahl der Konkurse

Grafische Darstellung der unterschiedlichen Entwicklung von vor-, gleich- und nachlaufenden Konjunkturindikatoren

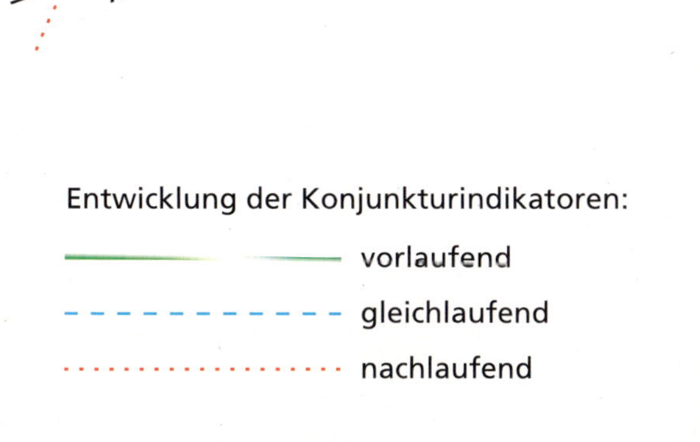

Nach: Oppenländer, Karl-Heinrich: Konjunkturindikatoren. 2. Auflage, München, Wien 1996

Wachstumsraten des Bruttoinlandsprodukts in der Bundesrepublik Deutschland ab 1960

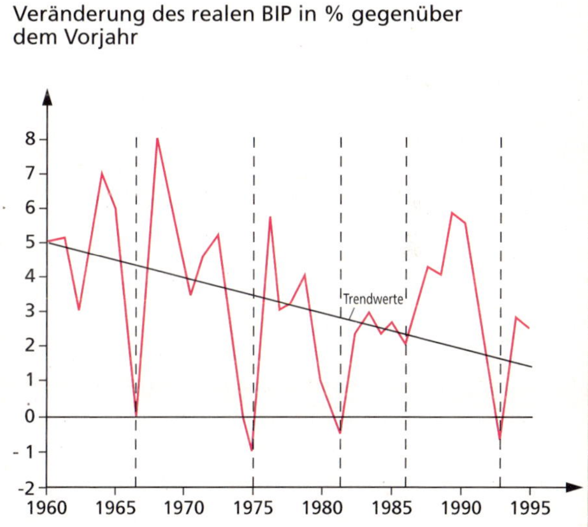

Konjunktur: Wachstumsraten und Trendwerte des Bruttoinlandsprodukts der Bundesrepublik Deutschland 1960 bis 1995 (ab 1992 einschließlich neue Bundesländer) in Preisen von 1991 (dargestellt sind jeweils die Veränderungen gegenüber dem Vorjahr in Prozent); die Jahre 1967, 1975, 1982 und 1993 markieren die unteren Wendepunkte eines Konjunkturzyklus.

Nach: Brockhaus-Enzyklopädie in 24 Bänden. 20. überarbeitete und aktualisierte Auflage. Bd. 12, Mannheim 1997

Aufgabe 4:

Entnehmen Sie aus Tageszeitungen, Wirtschaftsmagazinen oder anderen Informationsquellen (z. B. Internet) die aktuellen Wirtschaftsdaten und bestimmen Sie, in welcher Phase sich die deutsche Konjunktur derzeit befindet. Begründen Sie Ihre Einschätzung.

Ergebnissicherung

Die Bundeskanzlerin verweist in der Diskussion um die aktuelle konjunkturelle Situation auf die Vorgaben des Stabilitätsgesetzes, das die Bundesregierung auf vier wirtschaftspolitische Ziele verpflichtet.

Bundeskanzlerin Dr. Grundtland:

Meine Herren, meine Damen, wie Sie wissen, verpflichtet uns Paragraph 1 des Stabilitätsgesetzes bei wirtschafts- und finanzpolitischen Maßnahmen gleichzeitig die Stabilität des Preisniveaus, einen hohen Beschäftigungsstand, ein außenwirtschaftliches Gleichgewicht und ein angemessenes Wirtschaftswachstum anzustreben. Sie wissen allerdings auch, dass es uns bisher nicht gelungen ist, diese Ziele im notwendigen Umfang zu erreichen. Dies wurde ja auch schon in der Zielprojektion unseres Jahreswirtschaftsberichtes vom Januar deutlich.

Bundesminister Wülfing:

Bei der Verabschiedung des Jahreswirtschaftsberichtes war uns bereits bewusst, dass diese vier wirtschaftspolitischen Ziele nicht gleichzeitig erreicht werden können, schon gar nicht bei den gegenwärtigen weltwirtschaftlichen Bedingungen. So haben wir schon grundsätzlich das Problem, der Forderung nach angemessenem Wirtschaftswachstum und Preisniveaustabilität gleichzeitig zu entsprechen.

Bundesministerin Hartwig:

Einen vergleichbaren Zielkonflikt haben wir bei der Realisierung der Forderungen nach Preisniveaustabilität und hohem Beschäftigungsstand.

Bundesminister Baumgartner:

Bei der Beschreibung dieser Problematik haben wir noch gar nicht berücksichtigt, dass zu den vier wirtschaftspolitischen Zielen der sechziger Jahre in den letzten zwei Jahrzehnten weitere Ziele hinzugekommen sind.

Aufgabe 5:

Bilden Sie mehrere gleich große Arbeitsgruppen und bearbeiten Sie jeweils die folgenden Teilaufgaben. Beziehen Sie das folgende Informationsmaterial in Ihre Überlegungen mit ein.

a) Bringen Sie die vier wirtschaftspolitischen Ziele des Stabilitätsgesetzes in eine Rangfolge, die Sie persönlich für richtig halten. Begründen Sie Ihre Entscheidung.

Ziele des Stabilitätsgesetzes	**Persönliche Rangfolge**	**Begründung**
Stabilität des Preisniveaus		
Hoher Beschäftigungsstand		
Außenwirtschaftliches Gleichgewicht		
Angemessenes Wirtschaftswachstum		

b) Entscheiden Sie durch Eintragung der entsprechenden Symbole in die folgende Matrix, welche wirtschaftspolitischen Ziele des Stabilitätsgesetzes vereinbar bzw. unvereinbar sind.

Wirtschaftspolitische Ziele:
1: Preisniveaustabilität
2: Hoher Beschäftigungsstand
3: Außenwirtschaftliches Gleichgewicht
4: Angemessenes Wirtschaftswachstum

Symbole: **Bedeutung**:

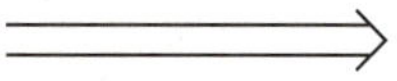
vereinbare Ziele (Zielharmonie)

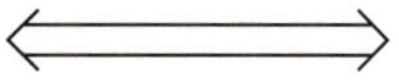
unvereinbare Ziele (Zielkonflikt)

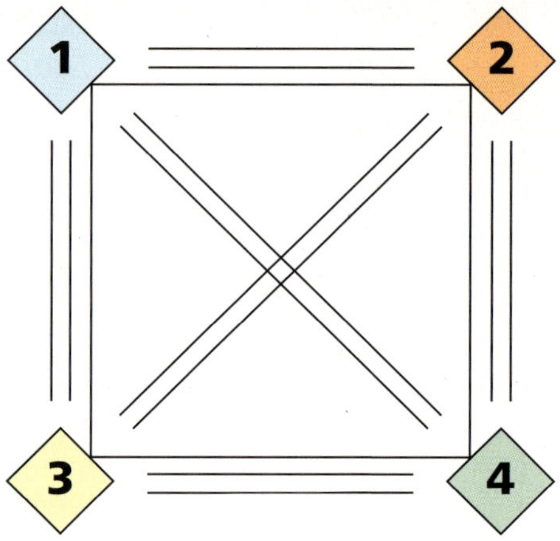

c) Stellen Sie die in den Arbeitsgruppen erarbeiteten Ergebnisse der Teilaufgaben a) und b) im Klassengespräch vor und begründen Sie jeweils Ihre Lösungsvorschläge. Überlegen Sie anschließend, ob unterschiedliche Lösungen der beiden Teilaufgaben zu einem gemeinsamen Arbeitsergebnis zusammengefasst werden sollten.

I. Historische Einbindung bis zur Verabschiedung des „Stabilitätsgesetzes"

Das „Gesetz zur Förderung der Stabilität und des Wachstums der Wirtschaft", meist als Stabilitätsgesetz bezeichnet, wurde 1967 vom Bundestag und Bundesrat beschlossen um die Einflussnahme des Staates auf die Wirtschaftspolitik gesetzlich festzuschreiben.

Als die große Koalition von CDU/CSU und SPD dieses Gesetz verabschiedete, befand sich die Bundesrepublik Deutschland erstmals seit dem 2.Weltkrieg in einer Wirtschaftskrise, die ein Negativwachstum des Bruttosozialproduktes aufwies.

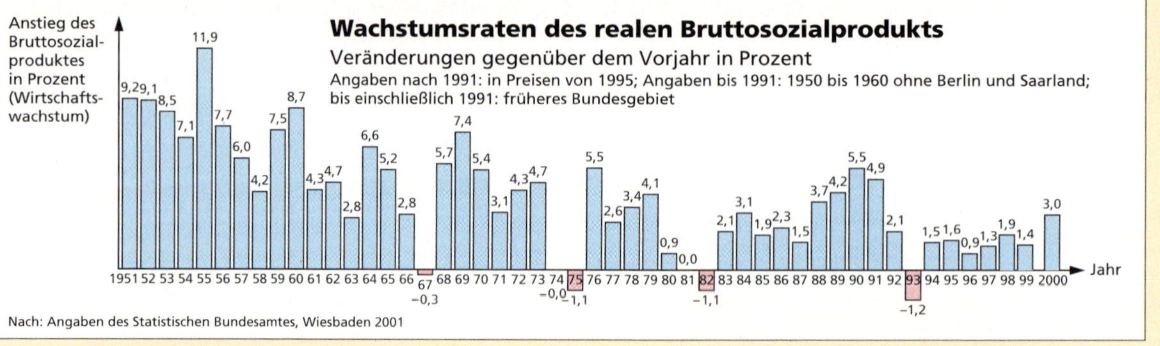

„Die Entwicklung unserer hochindustrialisierten, mit der Weltwirtschaft verflochtenen Volkswirtschaft hat aber gezeigt, dass die Selbststeuerungskräfte der Marktwirtschaft allein nicht ausreichen. Es genügen auch nicht konjunkturpolitische Einzelmaßnahmen wie in der Vergangenheit: Stabilität und Wachstum der Wirtschaft erfordern heute vielmehr in unserer marktwirtschaftlichen Ordnung einen systematischen Einsatz von globalen Steuerungsmitteln, mit denen der Wirtschaftsprozess vor gesamtwirtschaftlichen Fehlentwicklungen bewahrt werden kann." (Bundesministerium für Wirtschaft, „Das Gesetz zur Förderung der Stabilität und des Wachstums der Wirtschaft", Bonn 1970, Seite 5).

II. Wirtschaftspolitische Ziele nach dem Stabilitätsgesetz von 1967

Bereits in Paragraph 1 des Stabilitätsgesetzes werden die wirtschaftspolitischen Ziele des Staates genannt:

- **Stabilität des Preisniveaus**
- **hoher Beschäftigungsstand**
- **außenwirtschaftliches Gleichgewicht**
- **stetiges und angemessenes Wirtschaftswachstum.**

§ 1
„Bund und Länder haben bei ihren wirtschafts- und finanzpolitischen Maßnahmen die Erfordernisse des gesamtwirtschaftlichen Gleichgewichts zu beachten. Die Maßnahmen sind so zu treffen, dass sie im Rahmen der marktwirtschaftlichen Ordnung gleichzeitig zur Stabilität des Preisniveaus, zu einem hohen Beschäftigungsstand und außenwirtschaftlichem Gleichgewicht bei stetigem und angemessenem Wirtschaftswachstum beitragen."

Aus: Paragraph 1 des Gesetzes zur Förderung der Stabilität und des Wachstums der Wirtschaft (StWG). 8. Juni 1967

In Paragraph 2 des Stabilitätsgesetzes wird die Bundesregierung verpflichtet regelmäßig einen **Jahreswirtschaftsbericht** zu veröffentlichen.

§ 2
(I) Die Bundesregierung legt im Januar eines jeden Jahres (...) einen Jahreswirtschaftsbericht vor. Er enthält:
1. die Stellungnahme zu dem Jahresgutachten des Sachverständigenrates[1] (...)
2. eine Darlegung der für das laufende Jahr von der Bundesregierung angestrebten wirtschafts- und finanzpolitischen Ziele (Jahresprojektion); (...)
3. eine Darlegung der für das laufende Jahr geplanten Wirtschafts- und Finanzpolitik. (...)

Aus: Paragraph 2 des Gesetzes zur Förderung der Stabilität und des Wachstums der Wirtschaft (StWG). 8. Juni 1967

Aufgabe 6:

Bearbeiten Sie die beiden folgenden Aufgaben zur Erschließung neuer Ziele der Wirtschaftspolitik.

a) Diskutieren Sie zunächst im Klassengespräch, welche weiteren wirtschaftspolitischen Ziele in das Stabilitätsgesetz aufgenommen werden sollten. Begründen Sie jeweils, warum Ihnen diese Ziele wichtig erscheinen. Tragen Sie das Ergebnis Ihrer Diskussion in die folgende Tabelle ein.

Neue wirtschaftspolitische Ziele	Begründung
....	....
....	....
....	....
....	....
....	....
....	....
....	....

1 Der Sachverständigenrat besteht aus fünf Experten, i. d. R. Professoren der Wirtschaftswissenschaften. Dieses Gremium der „fünf Weisen" erstellt im Spätherbst ein Jahresgutachten zur Beurteilung der gesamtwirtschaftlichen Entwicklung. Die Bundesregierung nimmt dazu in ihrem Jahreswirtschaftsbericht im Januar Stellung.

b) Erstellen Sie anschließend in gemeinsamer Arbeit eine Collage, die mithilfe von Fotos, Textausschnitten oder grafischen Elementen die neuen wirtschaftspolitischen Ziele veranschaulicht und dokumentiert. Sie können Ihre Collage fotografieren und an dieser Stelle einkleben:

Collagenfoto

Bundeskanzlerin Dr. Grundtland:

Meine Herren, meine Damen, sicherlich könnten wir die Diskussion um die wirtschaftspolitischen Ziele fortführen. Ich glaube aber, dass wir beispielsweise in der Forderung nach Abbau der Massenarbeitslosigkeit oder nach Bewältigung der umweltpolitischen Probleme gar nicht so weit auseinander liegen. Wichtiger als die Fortführung der Zieldiskussion ist meines Erachtens zurzeit die Frage, durch welche wirtschaftspolitischen Maßnahmen wir im Rahmen unserer Möglichkeiten diese Ziele erreichen können.

Ich bitte deshalb Herrn Wülfing, Frau Hasselbach, Frau Hartwig, Herrn Baumgartner und Frau Dr. Goldbach in ihren Ministerien eine ressortübergreifende Arbeitsgruppe zu gründen, die bis zur Kabinettssitzung am 2. April entsprechende Vorschläge ausarbeitet. Sie wissen, dass die Öffentlichkeit von uns rasche Entscheidungen erwartet um die anstehenden Probleme zu lösen.

Soweit zu Tagesordnungspunkt 1; kommen wir nun zur Haushaltsplanung für den sozialen Wohnungsbau.

11 März

Bundesminister Wülfing eröffnet die zweite Sitzung der ressortübergreifenden „Arbeitsgruppe Wirtschaftspolitik", deren Gründung in der Kabinettssitzung am 2. März beschlossen wurde. Zu Beginn des Arbeitstreffens wird das Protokoll der konstituierenden Sitzung der Arbeitsgruppe vom 5. März verlesen.

Protokoll Nr. 1

Besprechung der ressortübergreifenden Arbeitsgruppe Wirtschaftspolitik

Datum: ..-03-05
Zeit: 14:00 Uhr – 17:00 Uhr
Ort: Kleiner Sitzungssaal

Anwesend: Herr Baumgartner, Frau Dr. Goldbach, Frau Hartwig, Frau Hasselbach, Herr Wülfing, Frau Weber (Protokollantin)

Tagesordnung:

1: Zielsetzung der Arbeitsgruppe Wirtschaftspolitik
2: Vergabe von Arbeitsaufträgen
3: Zeitplanung

zu 1: Die Teilnehmer einigen sich darauf, dass die Leitung und Koordination der Arbeitsgruppe bei Bundesminister Wülfing liegt.

Bundesminister Wülfing verdeutlicht die Zielsetzung der Arbeitsgruppe, die Erarbeitung von Vorschlägen zur aktuellen Wirtschaftspolitik.

Die zu erarbeitenden Maßnahmen sollen sich den Gegenwarts- und Zukunftsproblemen der Gesellschaft stellen. Bundesminister Wülfing betont, dass unkonventionelle und unpopuläre Maßnahmen durchaus möglich sind.

zu 2: Die Mitglieder der Arbeitsgruppe beschließen:

Bis zur nächsten Sitzung soll im Rahmen des Zuständigkeitsbereiches der einzelnen Ressorts jeweils ein Thesenpapier erarbeitet werden, das die Ergebnisse der neuesten Forschungsberichte zu wirtschaftlichen und gesellschaftlichen Zukunftsproblemen prägnant zusammenfasst. Wirtschaftliche Vorstellungen und Erwartungen von Organisationen (z. B. Weltbank, OECD) und Interessenverbänden (z. B. Tarifvertragsparteien) sollten mit einbezogen werden.

zu 3: Zeitplanung:

11. März:	Sichtung und Diskussion der vorgelegten Thesenpapiere
18./19. März:	Entwicklung eines gemeinsamen wirtschaftspolitischen Strategiepapiers
2. April:	Präsentation der Arbeitsgruppenergebnisse in der Kabinettssitzung

Protokollantin — J. Weber

Vorsitzender — Wülfing

Aufgabe 7:

Bearbeiten Sie die beiden folgenden Arbeitsaufträge zur Wirtschaftspolitik.

a) Informieren Sie sich auf Seite 33 über die traditionellen Instrumente staatlicher Wirtschaftspolitik. Prüfen Sie am Beispiel der Veränderung von Steuersätzen und Staatsausgaben, inwieweit diese in den vier Konjunkturphasen erhöht oder gesenkt werden sollten, um den Konjunkturverlauf positiv zu beeinflussen. Halten Sie Ihre Ergebnisse fest, indem Sie die folgenden Symbole in die unten stehende Übersicht eintragen.

Steuersätze bzw. Staatsausgaben ...

stark erhöhen [++] leicht erhöhen [+] unverändert lassen [0] leicht senken [–] stark senken [– –]

Konjunkturphasen: / Ausgewählte Instrumente der Fiskalpolitik:	Aufschwung	Boom	Rezession	Depression
Veränderung der Steuersätze				
Veränderung der Staatsausgaben				

b) Bilden Sie zu den fünf folgenden Themenfeldern jeweils eine Arbeitsgruppe. Werten Sie die entsprechenden Arbeitsmaterialien mit dem Ziel aus, neue Anforderungen an die staatliche Wirtschaftspolitik zu formulieren.

Präsentieren Sie anschließend Ihre Arbeitsgruppenergebnisse in geeigneter Form (z. B. mithilfe eines Thesenpapiers) der Klasse.

Stellen Sie sicher, dass die jeweiligen Ergebnisse allen Klassenmitgliedern in schriftlicher Form (z. B. Kopie, Protokoll) zur Verfügung gestellt werden.

Herausforderungen an die Wirtschaftspolitik der Zukunft

Arbeitsgruppe	**Themenfelder**	
1	Neue Arbeitsmarktpolitik	34 – 36
2	Anpassung des Sozialsystems an gesellschaftliche Strukturveränderungen	37 – 39
3	Ökologischer Umbau von Gesellschaft und Staat	40 – 42
4	Bildung, Forschung und Entwicklung von Zukunftstechnologien	43 – 45
5	Europäischer Zusammenschluss im Zeichen der Globalisierung	46 – 48

i

Traditionelle Instrumente der staatlichen Wirtschaftspolitik

Das **wirtschaftspolitische Instrumentarium** umfasst die Gesamtheit aller Maßnahmen, die dem Staat zur Verfügung stehen um die in § 1 des „Stabilitätsgesetzes“ festgelegten Ziele zu erreichen.

Der Einsatz dieser wirtschaftspolitischen Instrumente erfolgt im Rahmen der kurzfristigen **antizyklischen Konjunkturpolitik** bzw. dient der langfristigen Gestaltung der **Strukturpolitik.**

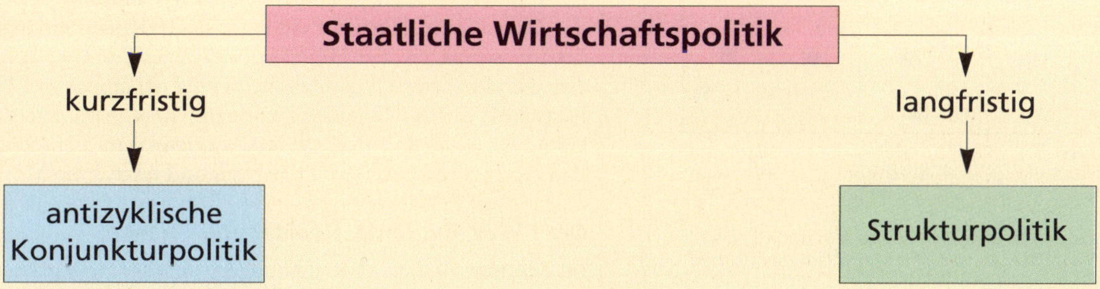

[1] Nach: Lötzerich, R./Schneider, P.-J./Zindel, M., Wegweiser Wirtschaft, Darmstadt 1991

Themenfeld 1: Neue Arbeitsmarktpolitik

Arbeitsmaterial 1:

Wie kann eine Gesellschaft ihre Mentalität ändern?

Selbst der Bundespräsident nennt die Deutschen „ein merkwürdiges Volk"

Von Hans-Herbert Holzamer

„Das Wort Dienstleistung hat in Deutschland einen schlechten Klang", befand Gerhard Fels, der Direktor des Instituts der deutschen Wirtschaft. Weder Dienen noch Leisten seien hierzulande besonders populär. ...

Fels zitierte einen namentlich nicht genannten Japaner, der befunden hatte, Deutschland sei eine „Dienstleistungswüste". ...

Auch Bundespräsident Roman Herzog diagnostizierte eine „Mentalitätslücke" und meinte: „Wir sind schon ein merkwürdiges Volk, wenn wir mit Freude Maschinen bedienen, aber jedes Lächeln verlieren, wenn es sich um Menschen handelt."

Herzogs acht Thesen

Der Bundespräsident skizzierte acht Thesen, um sich mit den Herausforderungen der Dienstleistungsgesellschaft auseinanderzusetzen:

1. Der Trend zur Dienstleistunggesellschaft ist neben der Globalisierung „herausragendes Merkmal" des wirtschaftlichen und gesellschaftlichen Strukturwandels.
2. Ein „Beschäftigungswunder", gar die Halbierung der Arbeitslosenzahlen von 4 Millionen ist nur zu schaffen mit Anstrengungen auf dem Dienstleistungssektor.
3. Im Bereich der unentgeltlichen Dienstleistungen besteht zu Lasten der Frauen „ein großes Defizit", das abzubauen ist.
4. Der Streit, ob Deutschland überindustrialisiert ist oder ein Dienstleistungsdefizit hat, gehört als unnötig ad acta gelegt. Deutschland benötigt beides, eine innovative Industrie und einen dynamischen Dienstleistungssektor.
5. Die Orientierung am Konsumenten, am Kundennutzen muß verstärkt werden.
6. Dienstleistungen müssen auch als Exportmöglichkeiten verstanden und gepflegt werden, etwa im Bildungswesen oder im Tourismus.
7. Es wird ein neuer Infrastrukturbegriff benötigt, der den Dienstleistungsbereich umfaßt.
8. Die Gesellschaft muß den Willen entwickeln, sich von den Risiken des Umbruchprozesses nicht abschrecken zu lassen.

Aus: Süddeutsche Zeitung, 9./10. Nov. 1996

Arbeitsmaterial 2:

Beschäftigungswachstum durch Innovation
Wachstumspotential einzelner Branchen bis zum Jahr 2000

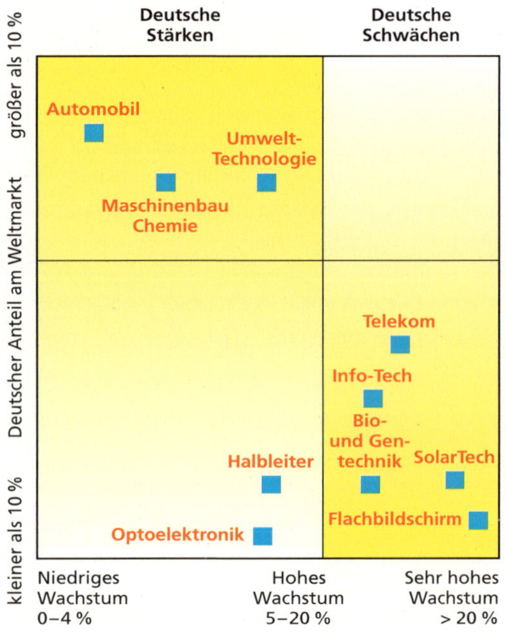

Deutschland ist wirtschaftlich stark in traditionellen Branchen, eher schwach in neuen Wachstumstechnologien.

Quelle: Prof. Rürup, Darmstadt

Aus: Zusammenhalt stärken – Zukunft gestalten. Beilage des „Vorwärts", Okt. 1996

Arbeitsmaterial 3:

Wir alle sind heute Zeugen des Beginns einer bedeutenden Revolution, die durchaus in einer Reihe mit den wichtigsten Revolutionen der menschlichen Geschichte zu nennen ist. Vor unseren Augen entsteht ein neues Medium menschlicher Kommunikation, das vielleicht in Zukunft alle bisherigen revolutionären Entwicklungen - Druck, Telefon, Fernsehen, Computer - in den Schatten stellen wird, jedenfalls in seinen Auswirkungen auf die Wirtschaft und unser soziales Leben. Interaktive Multimedia-Technik und der sogenannte Datenhighway, repräsentiert etwa durch das Internet, schaffen durch Vernetzung menschlicher Intelligenz die Grundlagen für eine neue Wirtschaftsordnung. In diesem neuen, digitalen Umfeld erwirtschaften einzelne Menschen und Organisationen Wohlstand durch die Anwendung von Wissen, vernetzter menschlicher Intelligenz und Arbeit in allen Bereichen der Wirtschaft, Produktion, Landwirtschaft und Dienstleistungen. An der digitalen Wirtschaftsfront findet somit ein fundamentaler Wandel statt, der sich auf die handelnden Personen, die Dynamik, die Regeln und sämtliche Voraussetzungen für Wirtschaftsleben und wirtschaftlichen Erfolg erstreckt. ...

Das Zeitalter der vernetzten Intelligenz ist auch ein Zeitalter bedeutender Chancen. Hier handelt es sich nicht ausschließlich um die Vernetzung von Technologie, sondern vielmehr um die Vernetzung von Menschen untereinander mit Hilfe der Technologie. Dies ist nicht mehr das Zeitalter der klugen Maschinen, sondern der Menschen, die mit Hilfe der Netzwerke ihre Intelligenz, ihr Wissen und ihre Kreativität für echte Durchbrüche bei der Schaffung von Wohlstand und sozialem Fortschritt gebündelt nutzen können. In unserer Zeit verbinden wir nicht nur Computer untereinander, sondern wir vernetzen menschliche Geisteskraft. Unsere Zeit eröffnet uns zahlreiche Chancen und ungeahnte Möglichkeiten. ...

Der I-Way: Euphorie, Realität und Chance

Im Zentrum all dieser Veränderungen steht der vielgepriesene, oft verdammte, aber heute absolut entscheidende Datenhighway oder I-Way. Grundlage der digitalen Wirtschaft und des Zeitalters der vernetzten Intelligenz sind nämlich die Netze. ...

Arbeitsmaterial 3 (Fortsetzung):

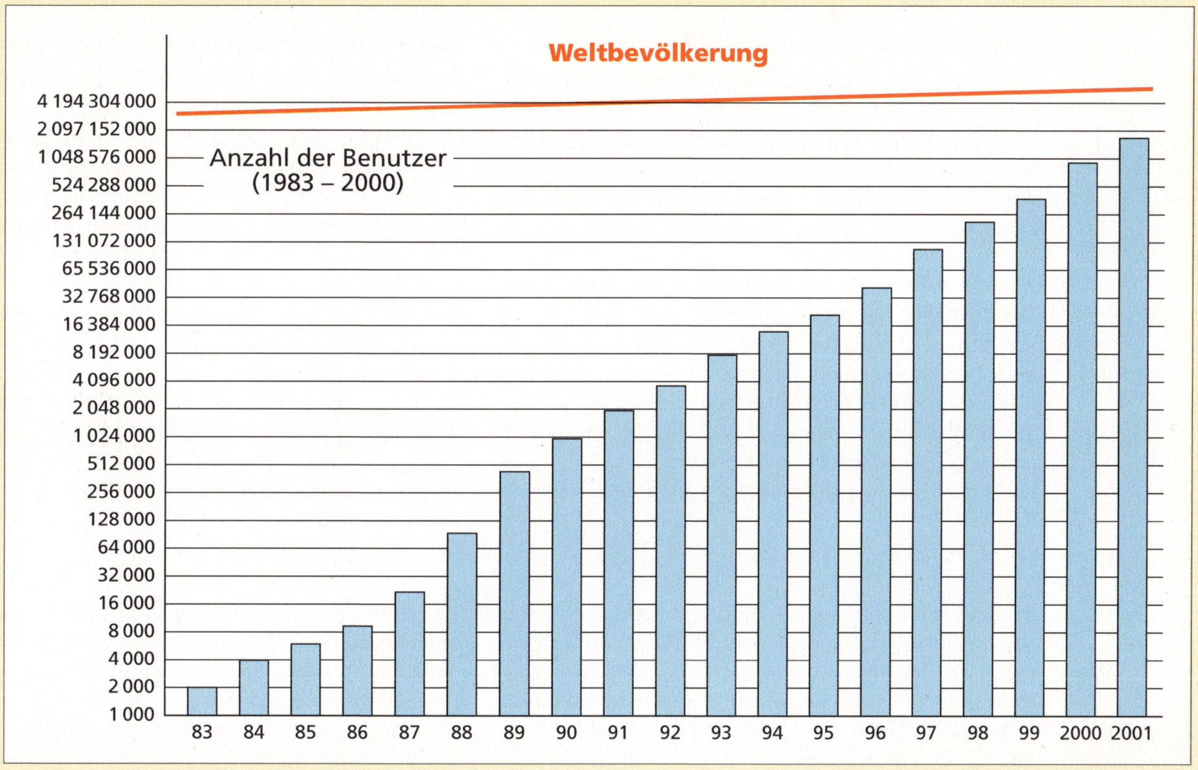

Abb. 2: Geschätzte Anzahl von Internet-Usern 1983 bis 2001 — Quelle: New Paradigm Learning Corporation, 1996

In der Vergangenheit wurde der Verlust des Arbeitsplatzes durch die Schaffung neuer Arbeitsplätze in neuen Branchen, Firmen und Beschäftigungen mehr als wettgemacht. Der Technische Wandel hat zu höheren Einkommen und einem höheren Beschäftigungsstand geführt. Aber so, wie Unternehmen, die mit den Veränderungen nicht Schritt halten können, ihre Wettbewerbsfähigkeit einbüßen, werden Staaten, die zu zögerlich agieren, ebenso in der Konkurrenz unterliegen - und sie werden sich mit den Problemen einer massiven strukturellen Arbeitslosigkeit herumschlagen müssen. Kapital und Arbeitsplätze werden sich auf Wirtschaften mit einer entsprechenden Infrastruktur und innovativen, erschwinglichen Dienstleistungen konzentrieren. Länder, die in der Entwicklung der neuen Datenhighways hinterherhinken, werden wahrscheinlich gesamtwirtschaftlich Probleme bekommen. ...

Aus:
Tapscott, Don: Die digitale Revolution. Verheißungen einer vernetzten Welt - die Folgen für Wirtschaft, Management und Gesellschaft. Wiesbaden 1996

Arbeitsmaterial 4:

Der falsche Ansatz zur Beseitigung der Arbeitslosigkeit

Wie kommt es dazu, daß viele hochentwickelte Volkswirtschaften eine zunehmende Arbeitslosigkeit aufweisen, die diese wie eine wachsende Hypothek mehr und mehr belastet, die Struktur weiter verschlechtert und das Wachstum bremst? Darauf gibt es bisher noch völlig unbefriedigende Antworten. Manche halten sie in reichen Volkswirtschaften für zwangsläufig und unabwendbar. - Warum gibt es dann aber auch eine hohe Arbeitslosigkeit in armen Volkswirtschaften oder andererseits eine hohe Beschäftigungsrate in Japan und der Schweiz? Wenn überhaupt Ursachen diskutiert werden, so steht das Argument der zu hohen Löhne und Gehälter im Vordergrund. Sicher sind zu hohe Personalkosten für eine Volkswirtschaft ein großes Problem, und sie bieten den wichtigsten kurzfristig wirksamen Ansatzpunkt, das Gleichgewicht wieder herzustellen, aber es gibt andere, ebenfalls entscheidende Instrumente, die von langfristig größerer Bedeutung sind. Nicht zuletzt die öffentlichen Institutionen - die Regierungen und Ämter des Bundes, der Länder, der Kommunen, die Gerichte, aber auch die zahlreichen Verbände und Institutionen der gewerbetreibenden Wirtschaft - tragen als volkswirtschaftliche Belastung dazu bei, daß sich die Kosten erhöhen und von allem die Innovationskraft sinkt. ...

Aus: Reutner, Friedrich: Der effiziente Staat - Fiktion oder Vision? Unternehmerische Ideen für Lebensqualität und Wohlstand. 2. erweit. Auflage, Wiesbaden 1996

Arbeitsmaterial 5:

Veränderungen der Arbeitswelt

Sicher ist, daß die Dienstleistungsgesellschaft alle Formen der Arbeit verändert. Das Ausmaß an Flexibilität muß zunehmen. Die Arbeitszeit und der Arbeitsort werden immer stärker vom Auftrag des Kunden und von der Auftragslage der Unternehmen bestimmt. Die Frage nach dem Wann, Wo und in welcher Zeit ist entscheidend geworden.

Auch ein Trend zur Fragmentierung ist feststellbar. Die Tendenz zur Auflösung von normalen Arbeitsverhältnissen verstärkt sich, und die Zeitverträge gemäß der Auftragslage werden mehr und mehr zur Normalität. An Bedeutung gewinnen auch Arbeitnehmerüberlassungen, neue Selbstständigkeit, Subunternehmerschaft oder Arbeiten auf Abruf.

Die neuen Informationsberufe spielen eine tragende Rolle.

(...)

Bis zum Ende dieses Jahrhunderts werden nach neuesten Schätzungen in Europa ca. 4 Millionen Arbeitsplätze in der Medienindustrie und 2 Millionen im Multimedia-Dienstleistungssektor geschaffen werden. Gerade der anhaltende Trend zur Globalisierung wird hier für Beschleunigung sorgen. Insbesondere bei der Schaffung von Arbeitsplätzen für Frauen liegen hier - wie auch auf dem Gebiet der Telearbeit - enorme Entwicklungsmöglichkeiten. Über 5 Millionen Arbeitsplätze können durch Telearbeit und Telekooperation eine Neugestaltung erfahren.

(...)

Nach Schätzungen des Instituts für Arbeitsmarkt- und Berufsforschung in Nürnberg wird der Anteil der sogenannten Informationsberufe unter den Erwerbstätigen bis zum Jahre 2010 insgesamt auf etwa 55 Prozent steigen (1980: 40 Prozent).

Die ständigen Veränderungen der Arbeitsaufgaben sind von den Mitarbeitern nur dann zu meistern, wenn sie mehr Raum für individuelle Qualifizierung bekommen, damit sie sich entsprechend weiterbilden können. Telearbeit sieht beispielsweise je nach Qualifikation unterschiedlich aus.

(...)

Zudem müssen wir vor allem den vielen schlecht qualifizierten Arbeitslosen das Tor zum Arbeitsmarkt wieder aufschließen. Einstiegstarife für Langzeit-Arbeitslose können hier weiterhelfen. Entscheidend gerade für eine höhere Dienstleistungsbeschäftigung ist aber eine Öffnung der Lohnstruktur nach unten, die auch den Einsatz von weniger produktiven Arbeitnehmern wieder rentabel macht. Wenn eine solche niedrige Entlohnung nicht ausreicht, um den Lebensunterhalt zu bestreiten, dann sollte der Staat mit einem zusätzlichen Transfereinkommen (Kombi-Lohn) einspringen, wie es dem Konzept der negativen Einkommenssteuer entspricht.

(...)

Zukunft der Sonstigen Dienstleistungen

Die dynamische Entwicklung der Sonstigen Dienstleistungen in Deutschland wird sich auch in der Zukunft weiter fortsetzen. Mit einem prognostizierten durchschnittlichen jährlichen Wachstum von real ca. 4 Prozent bis zur Jahrtausendwende liegt das Wachstum der Sonstigen Dienstleistungen weiterhin deutlich über dem gesamtwirtschaftlichen Durchschnitt (ca. 2 Prozent).

Für den Zeitraum 2000 bis 2010 wird sogar mit einer weiteren Wachstumsbeschleunigung auf real 4,5 Prozent pro Jahr gerechnet. Mit fast 1,5 Millionen Unternehmen erhöht sich die Zahl der in diesem Wirtschaftszweig tätigen Unternehmen von heute bis 2010 um mehr als 380 000. Zahlreiche neue Arbeitsplätze sind von den Sonstigen Dienstleistungen für die Zukunft zu erwarten.

(...)

Die Entwicklung der Sonstigen Dienstleistungen wird auch maßgebliche Auswirkungen auf die Beschäftigung haben. Insgesamt wird erwartet, daß im gesamten Sektor der Sonstigen Dienstleistungen von 1996 bis zum Jahre 2010 eine durchschnittliche Erhöhung des Personalbestands von rund 116 000 pro Jahr vorgenommen wird. Dies bedeutet, daß 2010 1,7 Millionen mehr sozialversicherungspflichtig Beschäftigte im Sektor Sonstige Dienstleistungen tätig sein werden als 1996. Damit würde dieser Sektor dann 5,4 Millionen Arbeitsplätze anbieten und damit etwa fünfmal soviel wie heute der Maschinenbau als größter Industriezweig in Deutschland.

(...)

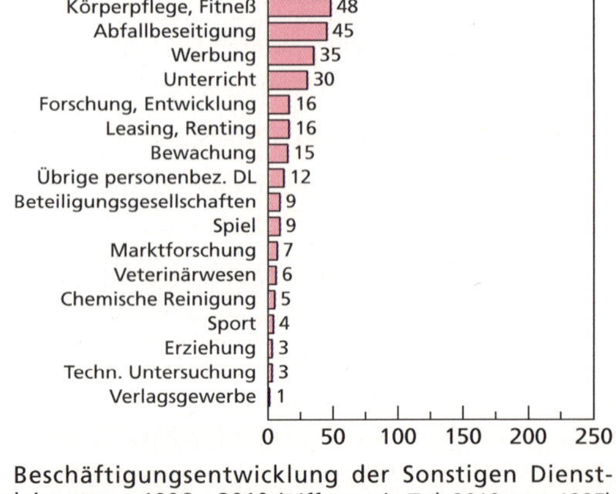

Beschäftigungsentwicklung der Sonstigen Dienstleistungen, 1996 – 2010 (Differenz in Tsd. 2010 geg. 1995)

Aus: Mangold, Klaus: Die Zukunft der Dienstleistung. Fakten - Erfahrungen - Visionen. Wiesbaden 1997

Themenfeld 2: Anpassung des Sozialstems an gesellschaftliche Strukturveränderungen

Arbeitsmaterial 1:

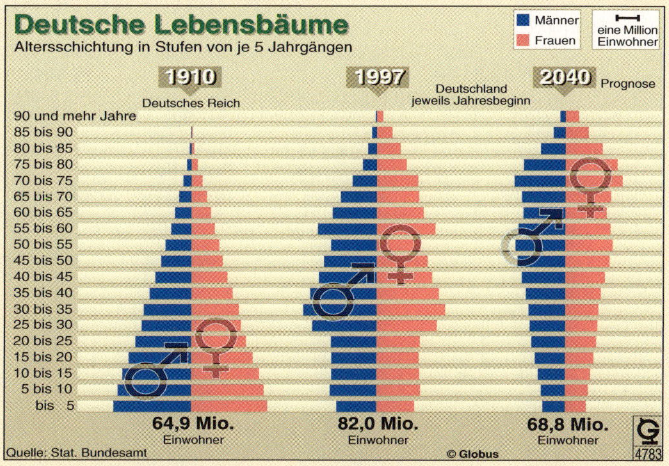

Arbeitsmaterial 2:

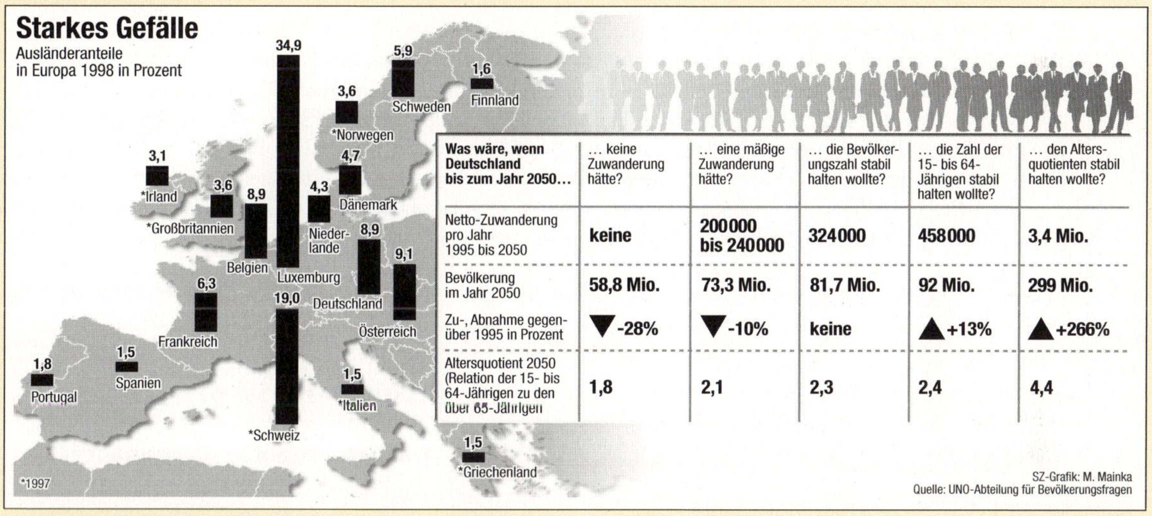

Was wäre, wenn Deutschland bis zum Jahr 2050…	… keine Zuwanderung hätte?	… eine mäßige Zuwanderung hätte?	… die Bevölkerungszahl stabil halten wollte?	… die Zahl der 15- bis 64-Jährigen stabil halten wollte?	… den Altersquotienten stabil halten wollte?
Netto-Zuwanderung pro Jahr 1995 bis 2050	keine	200000 bis 240000	324000	458000	3,4 Mio.
Bevölkerung im Jahr 2050	58,8 Mio.	73,3 Mio.	81,7 Mio.	92 Mio.	299 Mio.
Zu-, Abnahme gegenüber 1995 in Prozent	▼ -28%	▼ -10%	keine	▲ +13%	▲ +266%
Altersquotient 2050 (Relation der 15- bis 64-Jährigen zu den über 65-Jährigen	1,8	2,1	2,3	2,4	4,4

Die demografische Hypothek: In den nächsten Jahrzehnten wird die deutsche Gesellschaft wegen der geringen Geburtenraten stark altern. Experten der Vereinten Nationen haben verschiedene Zuwanderungs-Szenarien für die Bundesrepublik errechnet. Allein um die Bevölkerungszahl bis 2050 auf dem jetzigen Stand zu halten, wäre eine jährliche Einwanderung von 324 000 Menschen nötig – weit mehr als doppelt so viele wie die Netto-Zuwanderung von Ausländern im Jahre 1999 (circa 120 000 Menschen). Noch stärker als die deutsche Gesamtbevölkerung wird in den nächsten beiden Generationen der Anteil der Erwerbsfähigen abnehmen, während der Anteil der Älteren stark ansteigt. Eine besonders dramatische Zahl verdeutlicht diese Verschiebung: Um im Jahr 2050 das heutige Verhältnis zwischen erwerbsfähigen Jüngeren und nicht mehr erwerbsfähigen Älteren zu behalten, müsste die deutsche Bevölkerung - theoretisch - auf sage und schreibe 299 Millionen anwachsen.

Aus: Südd. Zeitung, 17./18. Febr. 01, München 2001

Arbeitsmaterial 3:

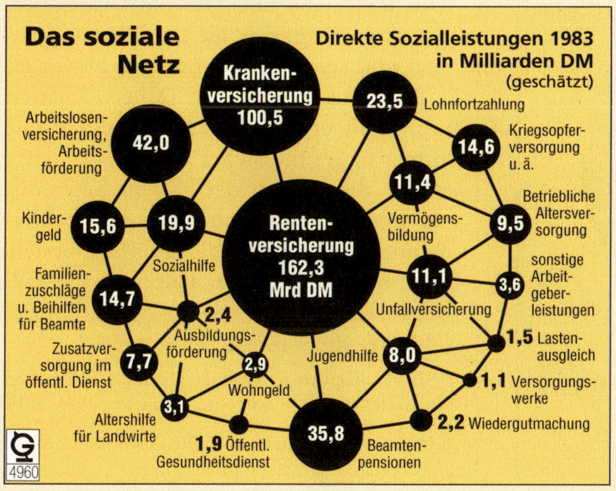

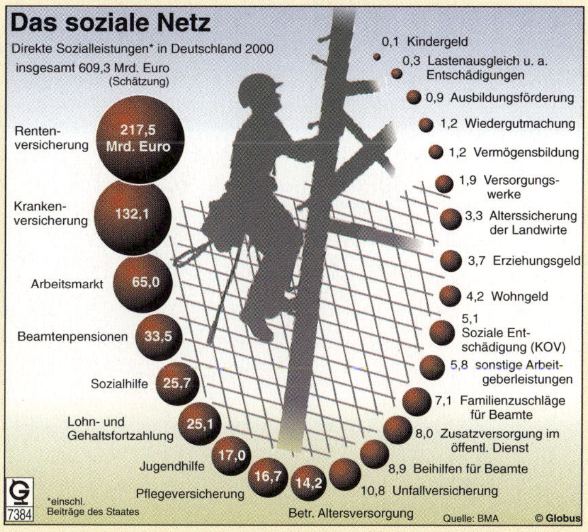

Arbeitsmaterial 4:

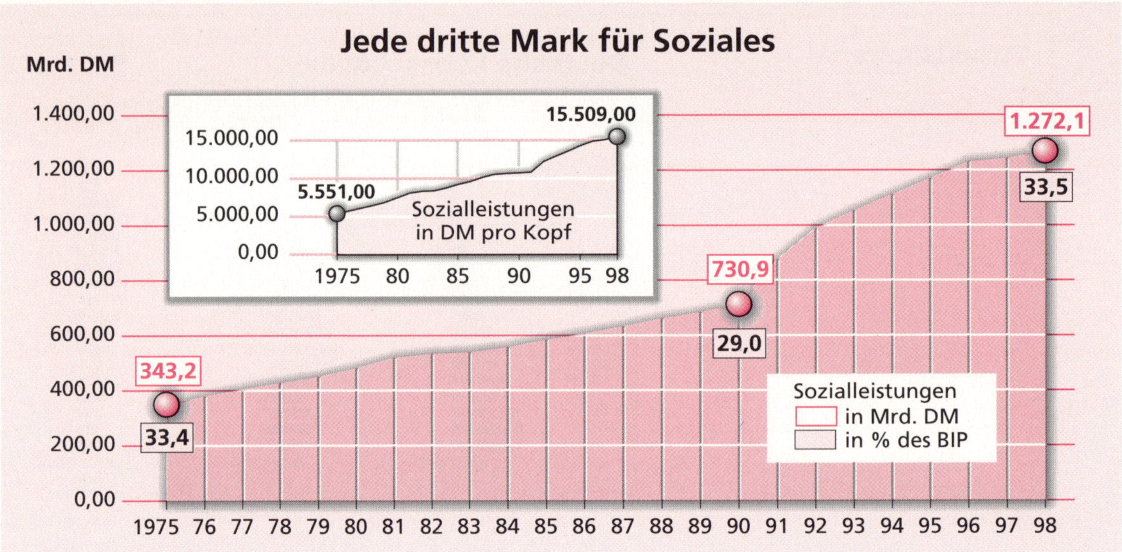

bis 1989 nur Westdeutschland; 1996 bis 1998 vorläufige Zahlen; Ursprungsdaten: Bundesministerium für Arbeit und Sozialordnung

Ein Vierteljahrhundert später

(...) Fast exakt bis auf die Kommastelle werden hierzulande heute wie 1975 immer noch 33,5 Prozent des Bruttoinlandsprodukts für Soziales ausgegeben. Stärkere Eigenverantwortung, mehr Eigenleistung und weniger kollektive Rundum-Versorgung stehen damit auch ein Vierteljahrhundert später immer noch auf der Agenda, um die wirtschaftlichen Bedingungen für Wachstum und Beschäftigung zu verbessern. Die ersten Ansätze waren gemacht. In den achtziger Jahren konnte die Sozialleistungsquote kontinuierlich zurückgeführt werden – auf 29 Prozent im Jahr 1990. Die Wiedervereinigung hat diesen Prozess umgekehrt. In Ostdeutschland betrug die Sozialleistungsquote im Jahr 1998 genau 55,7 Prozent, im Westen dagegen 30,6 Prozent.

Aus: iwd, Informationsdienst des Instituts der deutschen Wirtschaft Köln, Ausgabe Nr. 51, 23. Dezember 1999, Jahrgang 25, Seite 1

Arbeitsmaterial 5:

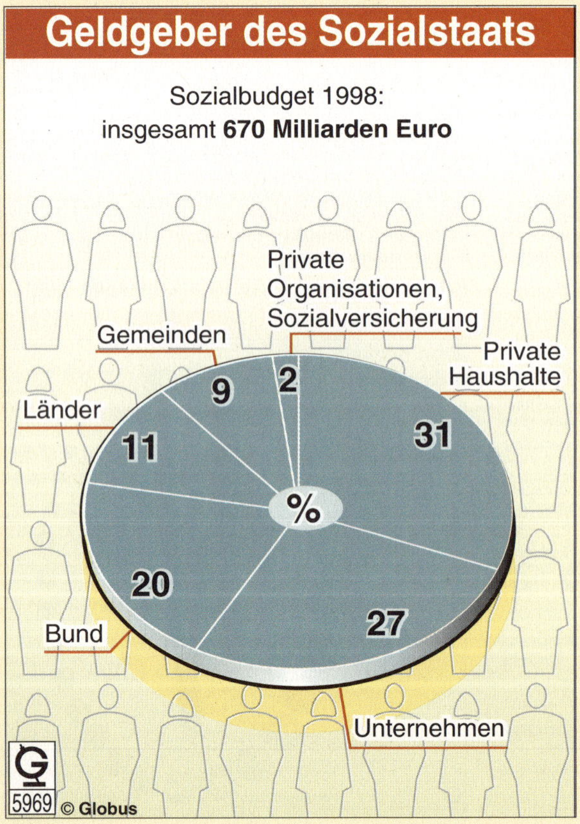

Arbeitsmaterial 6:

Der Sozialstaat im Dilemma

Baut der Staat, um über Qualifizierung, sozialen Frieden und soziale Sicherheit die Voraussetzungen für eine stabile Volkswirtschaft zu schaffen, ein umfängliches soziales Leistungsnetz auf, wird er gerade dadurch um so anfälliger für wirtschaftliche Einbrüche. Diese bescheren ihm auf der einen Seite Steuerausfälle, auf der anderen Seite lassen sie die Inanspruchnahme der sozialen Leistungen steigen. Mit seinem Netz sozialer Leistungsgarantien schlagen wirtschaftlich schwierige Situationen direkt in staatliche (Haushalts-)Probleme um. Der Staat ist gezwungen, Maßnahmen zu ergreifen, die seine Abhängigkeit als Steuerstaat und seine Verpflichtungen als Sozialstaat wieder in Einklang bringen. In seinen Versuchen, dies zu tun, stößt er dabei auf ein hochkomplexes System immer neuer möglicher Schwierigkeiten: So verbietet es ihm die Freiheit der Unternehmerentscheidungen, auf Investitionsentscheidungen direktiv Einfluß zu nehmen. (...). Das Problem einfach bestehen zu lassen ist ihm aufgrund haushaltspolitischer Folgeprobleme, welche dann wieder auf die Konjunktur selbst zurückschlagen, nicht möglich.

(Ulrich Schneider: Solidarpakt gegen die Schwachen. Der Rückzug des Staates aus der Sozialpolitik. München 1993, S. 149)

Aus: Wochenschau II, Nr. 5/96, Frankfurt a.M. 1996

Arbeitsmaterial 7:

Verlust der staatlichen Souveränität?

„Globalisierung der Wirtschaft" bedeutet zusammenfassend, daß die nationalen Grenzen bei Investitions-, Produktions-, Angebots-, Nachfrage- und Finanzierungsentscheidungen zunehmend an Bedeutung verlieren. Diese Globalisierung umfaßt neben den Waren- und Dienstleistungsmärkten auch die Kapital- und Arbeitsmärkte. Die internationalen Migrationsströme[1] werden daher eher zu- als abnehmen. Dieser Prozeß scheint unumkehrbar. Kein Land kann sich aus der integrierten, vernetzten Weltwirtschaft zurückziehen, ohne - zumindest zeitweise - Wohlfahrtsverluste für sich und andere Staaten zu verursachen. Diese Einengung des Spielraums für nationale Wirtschafts- und Sozialpolitik, insbesondere auch Umweltpolitik, stellt die nationale Politik vor eine Reihe schwerwiegender Probleme.

Unter dem Stichwort „Standortsicherung" droht sich ein neues „Totschlaginstrument" zu etablieren, mit dessen Hilfe alle Forderungen nach einem sozialen und ökologischen Umbau des Staates obsolet[2] zu werden scheinen. Die Standortsicherungs-Debatte verschleiert insbesondere, daß es sich - wie so oft - lediglich um eine neue Spielart ewiger Verteilungskonflikte handelt (...).

Vor allem der - seitens der Wirtschaft und ihrer Verbände sowie konservativer Vertreter der Wirtschaftspolitik - vehement geführte Angriff auf den Sozialstaat wirft eine Reihe von Fragen auf:

1. Ist die Idee einer sozialstaatlich verfaßten Gesellschaft angesichts globalisierter Märkte noch zu retten?
2. Droht nicht der Exodus deutscher Unternehmen in die Billiglohnländer Osteuropas und Südostasiens?
3. Ist im Zeitalter der international operierenden Konzerne noch eine nationale Wirtschafts-, Sozial- und Umweltpolitik möglich?
4. Kann angesichts dieser weltweiten Entwicklungen überhaupt noch in Deutschland und anderswo das notwendige sozialstaatliche Umverteilungsvolumen erarbeitet werden?
5. Können sich Wirtschaftspolitik und Standortsicherung weiterhin nur in einem internationalen Wettlauf um die geringsten Arbeitskosten und niedrigsten Umwelt- sowie Sozialstandards erschöpfen?

---

1) Wanderungsströme
2) veraltet, überholt

■ Peter Weinbrenner: Die Globalisierung der Wirtschaft als Herausforderung der politischen Bildung; in: Dorothea Weidinger (Hrsg.), Politische Bildung in der Bundesrepublik. Opladen 1996, S. 248

Aus: Wochenschau II, Nr. 1/97, Frankfurt a.M. 1997

Arbeitsmaterial 8:

Die Sozialcharta der EU

Das ehrgeizige Vorhaben zur Verwirklichung der „sozialen Dimension" des Binnenmarktes stellt die „Gemeinschaftscharta der sozialen Grundrechte" dar. (...) Aus dem ursprünglich ehrgeizigen Plan, der eine Charta rechtlich verbindlicher, einklagbarer Sozialrechte vorsah, wurde im Verlauf der Debatte im Ministerrat letztlich ein Text, der seines wesentlichen Inhalts entkleidet war und kaum verbindliche Bestimmungen enthielt. Gegen die Stimmen Großbritanniens verabschiedete der Europäische Rat von Straßburg im Dezember 1989 schließlich eine „Gemeinschaftscharta der sozialen Grundrechte", die allerdings nur noch eine politische Willenserklärung ohne rechtliche Bindewirkungen darstellt.

(...)

Das in Maastricht beschlossene Abkommen über die Sozialpolitik (...) soll auch einer schnelleren und effizienteren Umsetzung der Sozialcharta in das EG-Recht dienen - allerdings ohne Großbritannien.

(Christian Engel, Sozialpolitik; in: Werner Weidenfeld/Wolfgang Wessels (Hrsg.), Europa von A-Z, a.a.O., S. 308 - 310)

Aus: Wochenschau II, Nr. 6/98, Frankfurt a.M. 1998

In der Europäischen Sozialcharta sind folgende Rechte verankert:

1. das Recht der Arbeitnehmer, in dem EU-Mitgliedsstaat ihrer Wahl zu arbeiten
2. das Recht auf freie Wahl des Berufes und das Recht auf ein gerechtes Entgelt
3. das Recht auf verbesserte Lebens- und Arbeitsbedingungen
4. das Recht auf sozialen Schutz entsprechend den Gegebenheiten der einzelnen Mitgliedsstaaten
5. die Koalitionsfreiheit und das Recht auf Tarifverhandlungen
6. das Recht auf berufliche Bildung
7. das Recht von Männern und Frauen auf Gleichbehandlung
8. das Recht der Arbeitnehmer auf Unterricht, Anhörung und Mitwirkung
9. das Recht auf Gesundheitsschutz und Sicherheit am Arbeitsplatz
10. Kinder- und Jugendschutz
11. das Recht der älteren Menschen auf einen angemessenen Lebensstandard
12. Förderung der sozialen und beruflichen Eingliederung von Behinderten.

(Nach EU-Informationen, hrsg. von der Vertretung der Europäischen Kommission in Deutschland, Nr. 4/1994, S. 4)

Themenfeld 3: Ökologischer Umbau von Gesellschaft und Staat

Arbeitsmaterial 1:

Das ökologische Wirtschaftswunder

In Deutschland gibt es zwar nicht genügend Arbeitsplätze, aber sehr viel ungetane Arbeit. Zum Beispiel im Bereich der Dienstleistungen, beim Umweltschutz, bei der Pflege oder beim Erlernen von Fremdsprachen. Was uns hauptsächlich fehlt, ist die Arbeit an diesen Arbeitssektoren. Hierfür haben weder die Gewerkschaften noch die Unternehmerverbände Zukunftsvisionen (...)

Die (...) neue Arbeitswelt kann zu einer Vollbeschäftigung führen, wie wir sie lange nicht gekannt haben. Ich will diese Behauptung am Beispiel der Ökologisierung der Wirtschaft verdeutlichen: (...)

- die Einführung einer ökologischen Steuerreform bringt 650000 neue Arbeitsplätze, rechnet das Deutsche Institut der Wirtschaft.
- Die solare Energiewende braucht in Westeuropa fünf Millionen neue Arbeitsplätze, sagt die Europäische Union.
- Die ökologische Verkehrswende - das heißt die Vervierfachung des öffentlichen Verkehrs in 25 Jahren - bedarf einer Million neuer Arbeitsplätze, schätzt der Verkehrsplaner, Professor Heiner Monheim.
- Wassereffizienz und Wasserspartechnologien brauchen in den nächsten Jahren 200000 neue Arbeitsplätze, berechnet der CDU-Umweltsenator von Berlin, Volker Hassemer.

Konkret: Wenn der Strom, den heute noch ein AKW erzeugt, künftig über Windräder produziert wird, dann brauchen wir hierfür fünfmal soviel Arbeitsplätze und haben klimaverträgliche und ungefährliche Stromerzeugungs-Anlagen (...)

Im 21. Jahrhundert wird die Energiegewinnung aus Sonne, Wind, Wasser und Biomasse ökonomisch etwa den Stellenwert haben, den die Autofabrikation im 20. Jahrhundert hatte. Die Solaranlage auf dem Dach wird bald mehr Prestige bedeuten als der Mercedes vor der Haustür. Das ist gut für die Umwelt und für die Arbeitsplätze.

Solarier aller Länder, vereinigt euch!

Ökologisierung der Wirtschaft heißt nicht Verteufelung des Wachstums, wohl aber Wachstum an der richtigen Stelle. Der Arbeitgeberslogan „Wachstum, Wachstum, Wachstum" ist so wenig zukunftsträchtig und arbeitsplatzschaffend wie der Gewerkschaftsslogan: „Arbeit, Arbeit, Arbeit". Allein die Sinn-Frage an die Arbeit und an die Wirtschaft führt uns aus der heutigen doppelten Sackgasse der Umweltzerstörung und Arbeitsplatzvernichtung heraus. Arbeit für alle ist möglich. In Zukunft wird freilich für die meisten Menschen Halbtagsarbeit die Norm sein. Bei einer 20- oder 25-Stunden-Erwerbsarbeitswoche im 21. Jahrhundert bleibt beiden Geschlechtern viel mehr Zeit für Kinder und Sport, für Familie und Eigenarbeit, Zeit für Spiritualität, Geist und Körper. „Voller Lohnausgleich bei weniger Arbeitszeit" gehört schon heute der Vergangenheit an. Das VW-Modell zeigt eher den Weg in die Zukunft: 20% weniger Arbeitszeit und 10% weniger Lohn. Bei mehr Zeit für Eigenarbeit brauchen wir insgesamt auch weniger Geld als heute.

Nach einer ökologischen Verkehrswende brauchen zum Beispiel viel weniger Menschen als heute einen eigenen PKW. Die heutige Auto-Diktatur raubt dem deutschen Arbeitnehmerhaushalt noch immer ein Viertel seines Einkommens. Die erste Nachkriegsgeneration hat das Wirtschaftswunder geschaffen. Um den Dritten Weltkrieg gegen die Natur, den wir durch unsere heutige Wirtschaftsweise führen, zu beenden, brauchen wir ein ökologisches Wirtschaftswunder. Hierfür ist allerdings die Ressource Geist und Vertrauen in die eigene Kraft ebenso wichtig wie die Ressource Geld, die bislang über alles andere dominierte.

Weniger arbeiten bei ökologischem Wohlstand - das ist die vielleicht humanste Vision für das 21. Jahrhundert.

Franz Alt

Kurzfassung des Vortrages bei der Jubiläumstagung des Vegetarierbundes am 19. Okt. '96 in Hannover.

Aus: Vegetarier 2/97, Heft Nr. 2, 48. Jahrgang

„Ich, jedenfalls, verleih' nie wieder etwas!" Horst Haitzinger

Aus: Randzio-Plath, Christa / Mann, Erika: Thema Europa. Welthandel am Scheideweg. Die Welthandelsorganisation WTO: Beitrag zu einer neuen Weltordnung oder Markt um jeden Preis? Bonn 1998

Arbeitsmaterial 2:

III. Wirtschaftswachstum und nachhaltige Entwicklung

Wirtschaftswachstum ist in sich widersprüchlich. Ohne eine lange Periode raschen Wachstums wären die Fortschritte in den Produktivkräften und der relativ hohe Lebensstandard für die Bevölkerungsmehrheit in den Metropolen undenkbar. Gleichzeitig wurden hierdurch jedoch auch die natürlichen Lebensgrundlagen der Menschen zunehmend belastet. Die Fortsetzung dieses Wachstums würde zu einem ökologischen Kollaps führen (...)

Besonders in den letzten Jahrzehnten sind die negativen Wachstumswirkungen - die natürlichen Lebensbedingungen werden untergraben und gefährdet - stärker und intensiver geworden, während die positiven Wirkungen - höherer Wohlstand - tendenziell schwächer wurden (...)

Auf die Frage, sind Ökonomie und Ökologie unversöhnlich? kann geantwortet werden: *nein,* wenn sich die Wirtschaftspolitik ändert, Bewegungsräume für das Austragen der Widersprüche schafft, wenn zugleich auch Weichen für eine neue Qualität der Lebensweise gestellt werden. Dazu sind Veränderungen in den gesellschaftlichen Kräfteverhältnissen und durch sie in den ökonomischen Eigentums- und Verteilungsstrukturen erforderlich. Auf diesem Wege liegt jedoch der größte Teil der Strecke noch vor uns (...)

Das Interesse der heute Lebenden an einem hohen Wachstum gerät zunehmend in Konflikt mit den Lebenschancen künftiger Generationen. Das Ausmaß, in dem derzeit die verfügbaren natürlichen Ressourcen in Anspruch genommen und die Natur durch Abfälle aller Art belastet wird, beeinflußt in hohem Grade die sozio-ökonomischen Möglichkeiten kommender Generationen. ...

Aus: Steinitz, Klaus: Herausforderungen einer nachhaltigen, umwelterhaltenden Wirtschaftsentwicklung - Beziehungen und Konflikte zwischen Ökonomie und Ökologie. Vortrag der Gewerkschaft Erziehung und Wissenschaft. Braunschweig. Juni 1997

Arbeitsmaterial 3:

Keine Angst vorm Umsteuern

(...) Das zentrale Element für den Umbau der Wirtschaft ist eine ökologische Steuerreform. Sie muss die Preisrelationen richtig stellen, die zur Zeit völlig falsch liegen: Ressourcenverbrauch und Umweltbelastungen müssen sich in den Betriebskosten niederschlagen. Energieverbrauch und dadurch verursachte Umweltschäden sind viel zu billig, Arbeit dagegen zu teuer. Im Vergleich unter neun wichtigen Industrienationen hat der Standort Deutschland die zweithöchste Belastung der Arbeitseinkommen, die zweitniedrigste Besteuerung des Kapitals und die drittniedrigste Belastung des Umweltverbrauchs.

Diese Zahlen machen deutlich: Arbeitslosigkeit und Umweltverbrauch sind durch das derzeitige Steuer- und Abgabensystem mit verursacht. Sie sind nicht „naturnotwendig“. Es fehlen insbesondere die wirtschaftlichen Anreize zur Energie-Einsparung. Und die hohen Lohnnebenkosten auf Erwerbseinkommen begünstigen den Abbau bestehender Arbeitsplätze, anstatt den Aufbau neuer zu fördern.

Eine ökologische Steuerreform, die Energieverbrauch teurer und Arbeit billiger macht, ist eine intelligente Strategie, die beide Herausforderungen, Arbeitslosigkeit und Umweltverbrauch, gleichzeitig angeht. Notwendig ist ein schrittweiser Umbau des Steuersystems, der umweltschädliches Wirtschaften eindämmt und umweltverträgliches Wirtschaften fördert. Gleichzeitig müssen die Sozialversicherungen konsequent von versicherungsfremden Leistungen befreit werden. Das gilt besonders für die Arbeitsmarktpolitik (wie Umschulungen,Qualifizierungs- und Arbeitsbeschaffungsmaßnahmen). (...)

Daran orientieren sich meine eigenen Vorstellungen einer ökologischen Steuerreform: (...)

► Vollständige Rückgabe: Das gesamte Energiesteueraufkommen wird an die privaten Haushalte und Unternehmen zurückgegeben (strikte Aufkommensneutralität). Zeitlich befristete Investitionszuschüsse für umweltschonende Energienutzungen sollen nicht über Öko-Steuern finanziert werden, sondern durch Umschichtungen im Forschungshaushalt.

► Kompensation durch Senkung der Lohnnebenkosten: Der größte Teil des Öko-Steuer-Aufkommens soll durch eine Senkung der Lohnnebenkosten kompensiert werden. Nach vier Jahren könnten wir mit dem gesamten Öko-Steuer-Aufkommen (im vierten Jahr etwa 37 Milliarden Mark) die sachfremden Leistungen aus der Arbeitslosenversicherung finanzieren. Die Beiträge zur Arbeitslosenversicherung könnten um 3 Prozent fallen. In der Folgezeit sollten die übrigen Sozialversicherungen von versicherungsfremden Leistungen entlastet werden. (...)

► Ausgleich für Nichterwerbseinkommen: Große gesellschaftliche Gruppen mit niedrigem Einkommensniveau, die keine Sozialversicherungsbeiträge entrichten und deshalb von ihrer Absenkung nicht profitieren würden, sollen einen Ausgleich für die Energiesteuer erhalten. Man könnte vor allem die Sozialhilfesätze sowie die Rentenleistungen anpassen und die Bafög-Sätze erhöhen.

► Minderbelastung für energieintensive Branchen: Aus Wettbewerbsgründen könnten für besonders energieintensive Branchen – insbesondere Chemie und Eisen/Stahl – niedrigere Steuersätze angesetzt werden. So wäre vorstellbar, abgestuft niedrige Steuersätze in Branchen anzusetzen, deren Energieintensität mehr als 3 Prozent beträgt. (...)

Aus: Simonis, Heide: Keine Angst vorm Umsteuern, in: „Die Woche“, Nr. 15 vom 4. April 1997

Arbeitsmaterial 4:

Grüne Geldquelle: Öko-Steuer

BILANZ

VORTEILE

Wenn Umweltressourcen - also der Einsatz von Stoffen und Energieträgern - besteuert werden, entsteht für den Staat finanzieller Spielraum, um den Produktionsfaktor Arbeit zu entlasten, Arbeit also billiger zu machen. Damit schlägt man zwei Fliegen mit einer Klappe: Die Umwelt wird geschont, die Arbeitslosigkeit verringert - die „doppelte Dividende“ der Öko-Steuer. Die Verteuerung des Verbrauchs von Umweltgütern beschleunigt zudem den notwendigen Strukturwandel der Wirtschaft. Alte, energieintensive Branchen wie Stahl oder Textilien werden belastet, neue arbeitsintensive Branchen insbesondere in den Dienstleistungen dagegen entlastet. Das Deutsche Institut für Wirtschaftsforschung (DIW) in Berlin prognostiziert durch die Einführung einer Öko-Steuer erhebliche Beschäftigungseffekte: Je nach Szenario erwarten die Wissenschaftler bis 2005 zusätzlich 300 000 bis 800 000 Jobs.

NACHTEILE

Die Folgen für den Arbeitsmarkt sieht das Rheinisch-Westfälische Institut für Wirtschaftsforschung (RWI) in Essen genau umgekehrt: Mehr als 400 000 Arbeitsplätze würden bis 2010 verloren gehen. Wortführer der Kritik an der Öko-Steuer ist der Bundesverband der deutschen Industrie (BDI). Er befürchtet, dass viele Firmen durch zusätzliche Steuern belastet würden und Öko-Steuern daher eine „Welle von Standortverlagerungen“ nach sich zögen. Zudem widerspreche das Konzept dem Verfassungsprinzip, jeden nach seiner Leistungsfähigkeit zu besteuern. Der Hauptkritikpunkt aber ist systemimmanent: Das Aufkommen an Öko-Steuern sinkt tendenziell. Je effizienter mit Umwelt umgegangen wird, desto geringer ist die fiskalische Ergiebigkeit. Außerdem würden die wahren Probleme der Sozialversicherung wie die sinkende Zahl an Beitragszahlern und die steigende Zahl an Leistungsempfängern durch eine Öko-Steuer nicht gelöst.

Ökosteuer

Die sog. **Ökosteuer,** die zum 1. April 1999 mit dem Gesetz zum Einstieg in die ökologische Steuerreform in Deutschland eingeführt wurde, erweiterte die Energiebesteuerung, indem die Mineralölsteuersätze erhöht und eine Stromsteuer eingeführt wurden. Im einzelnen wurde zum 1. April 99 die Mineralölsteuer auf Kraftstoffe um 6 Pfennig je Liter, auf leichtes Heizöl um 4 Pfennig je Liter und auf Gas um 0,32 Pfennig je Kilowattstunde erhöht sowie eine Stromsteuer von 2 Pfennig je Kilowattstunde eingeführt (siehe auch die folgende Übersicht zur Minelalölsteuerbelastung). Einigen Bereichen wurden dabei ermäßigte Steuersätze bzw. Steuerbefreiungen zugestanden, wie z. B. ermäßigte Steuersätze für Landwirtschaft, Produzierendes Gewerbe sowie für Schienenbahnverkehr und öffentlichen Personennahverkehr; die Steuerbefreiung für Kraft-Wärme-Kopplung sowie die Freistellung von Strom aus erneuerbaren Energiequellen von der Stromsteuer. Mit dem Gesetz vom 16. Dezember 1999 zur Fortführung der ökologischen Steuerreform wurden weitere Steuererhöhungen für Kraftstoffe und Strom für die Jahre 2000 bis 2003 festgelegt, die für die hier vorgestellten Ergebnisse noch nicht relevant sind.

Aus: Statistisches Bundesamt Umweltökonomische Gesamtrechnungen 2000

Das „Gesetz zum Einstieg in die ökologische Steuerreform“ ist im März 1999 in Kraft getreten. In einer ersten Stufe wurden seit dem 1. April 1999 die Steuern für Mineralöl, Heizöl, Erdgas und Strom erhöht. Im Herbst 1999 wurden für die Jahre 2000 bis 2003 für Mineralöl und Strom vier weitere Stufen der Steuererhöhung festgelegt, die jeweils zum 1. Januar in Kraft treten. Die Mineralölsteuer erfährt durch dieses Gesetz die größte Erhöhung.

Die Stufen der Ökosteuer am Beispiel der Mineralölsteuer auf Kraftstoffe

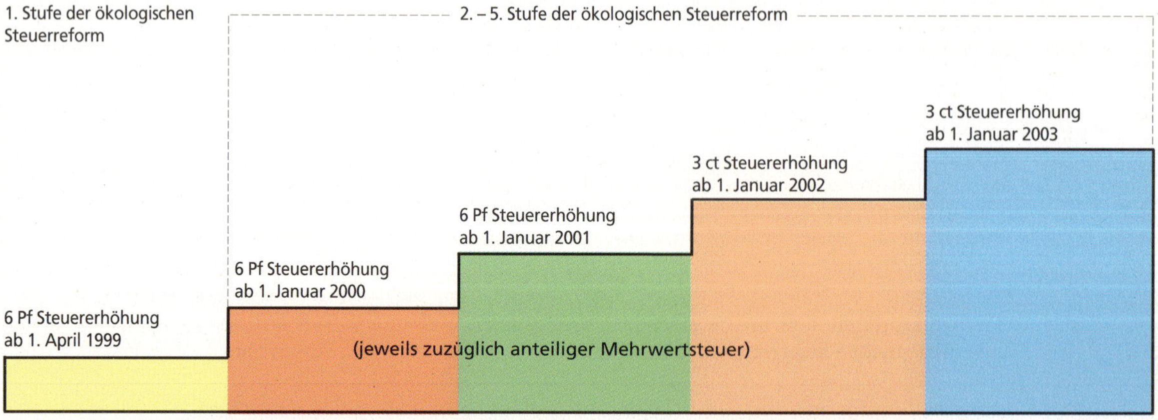

nach Angaben des Statistischen Bundesamtes, Wiesbaden 2000

Themenfeld 4: Bildung, Forschung und Entwicklung von Zukunftstechnologien

Arbeitsmaterial 1:

Arbeitsmarkt und Strukturpolitik verknüpfen

(...) Die modernen Informations- und Kommunikationstechnologien (IKT) durchdringen immer mehr Wirtschaftsbereiche und machen längst nicht mehr vor der privaten Lebensphäre halt. Sie bergen enorme Produktivitätspotentiale, die auf der einen Seite Chancen für die Wettbewerbsfähigkeit beinhalten, auf der anderen Seite noch mehr Arbeitsplätze gefährden. Um die von diesen Technologien ausgehenden Risiken für die Beschäftigten möglichst gering zu halten, wäre eine erfolgreiche Wachstums- und Beschäftigungspolitik vonnöten.

(...) Nicht nur die Unternehmen müssen in dieser Hinsicht aufgeschlossener und flexibler werden, auch staatlicherseits ist ein größeres Engagement gefordert. Dabei geht es nicht nur darum, verbesserte Rahmenbedingungen zu schaffen, um beispielsweise den Technologietransfer branchenübergreifend zu erleichtern. Ebenfalls erforderlich ist aus der Sicht der Autoren, die Nachfrage nach Produkten, die die neuen IKT bereitstellen, zu erhöhen.

Beides - so das vorläufige Ergebnis der Studie - kann nur im Rahmen einer rationalen, vorausschauend gestaltenden Wirtschaftspolitik geschehen, die mit einem Bündel von Maßnahmen umzusetzen ist, wie der Ausbau der Infrastruktur, einer gezielten Technologiepolitik, Forschungs- und Entwicklungsförderung, mit Hilfen für kleinere und mittlere Unternehmen sowie durch die Förderung von Risikokapital, Investitionen, Qualifizierungen - und durch eine konsequente Beschäftigungspolitik. ...

Aus: Hans Böckler Stiftung (Hrsg.): Neue Wege zur Beschäftigung. Düsseldorf 1997

Arbeitsmaterial 2:

Technologische Veränderungen bei Informations- und Kommunikationstechnologien

	Alte Wirtschaft	Neue Wirtschaft
Signal	Analog	→ Digital
Prozessoren	Herkömmliche Halbleiter	→ Mikroprozessoren
System	Basierend auf zentralen Rechnern	→ Client Server Architektur
Netzkapazität	Vergleichbar mit einem Gartenweg	→ Datenautobahn
Zugehörige Vorrichtung	Unintelligenter Zugang	→ Informationsgerät
Formen der Information	Separate Daten, Texte, Stimme, Bilder	→ Multimedia
System	Firmeneigen	→ Offen
Netze	Unintelligent	→ Intelligent

Nach: New Paradigm Learning Corporation, 1996, Abb.8: Die zehn technologischen Veränderungen.
Aus: Tapscott, Don: Die digitale Revolution. Verheißungen einer vernetzten Welt – Die Folgen für Wirtschaft, Management und Gesellschaft. Wiesbaden 1996

Arbeitsmaterial 3:

Neue Jobs durch moderne Techniken

Arbeitsplätze in den deutschen TIME-Anbieterbranchen in 1 000

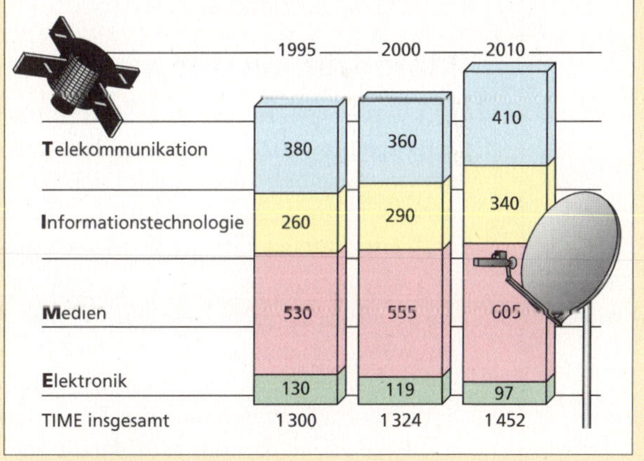

Aus: iwd. Informationsdienst des Instituts der deutschen Wirtschaft. Nr. 20/97. Köln 1997

Arbeitsmaterial 4:

Außenhandel

Im gesamten Bereich der **Informationstechnik** befindet sich Deutschland in einer traditionellen Schwächeposition. Der Markt wird klar von Japan (Welthandelsanteil von 34 v.H.) und den USA (22 v.H.) dominiert. Deutsche Erzeugnisse machen demgegenüber lediglich 8 v.H. des Welthandelsvolumens aus. Hier besteht also eine große Abhängigkeit von der ausländische Technologieentwicklung.

Ähnliche Risiken können sich bei Produkten ergeben, die seitens der **Biotechnologie** unter Substitutionsdruck geraten, und bei denen Deutschland aktuell mit einem Welthandelsanteil von fast 18 v.H. die führende Marktposition vor den USA (16 v.H.) innehat. Dies gilt um so mehr, als Deutschland bei modernen Biotechnologien selbst bisher nicht zu den führenden Ländern gehört hat. Die im Vergleich zu den USA und Japan deutlich geringere Patentaktivität bei moderner Biotechnologie deutet darauf hin, daß Deutschland kurzfristig hier nicht aufschließen kann.

Aus: Zur technologischen Leistungsfähigkeit Deutschlands. Herausgegeben vom Bundesministerium für Bildung, Wissenschaft, Forschung und Technologie. Bonn 1996

Arbeitsmaterial 5:

Zukunftstechnologie

Die Biotechnologie gilt als eine der Schlüsseltechnologien des kommenden Jahrhunderts. Mit ihrer Hilfe soll es möglich werden, neue Wege bei der Erforschung und Heilung von Krankheiten zu beschreiten und den Hunger in der Welt durch Ertragssteigerungen und qualitative Verbesserungen in Landwirtschaft und Lebensmittelindustrie zu bekämpfen.

Auch zahlreiche Umweltprobleme, bespielsweise im Bereich der Abwasserreinigung und der Bodensanierung, können möglicherweise durch den Einsatz dieser Zukunftstechnologie gelöst werden. Nach Angaben des Bundesforschungsministeriums stehen die Chancen gut, daß Deutschland bis zum Jahr 2000 zum Standort Nr. 1 für Biotechnologie in Europa wird.

Aus: Schul/Bank. Informationsdienst für Schule und Lehrer, Nr.11/97. Bundesverband deutscher Banken (Hrsg.). Köln 1997

Arbeitsmaterial 6:

(...) Im Jahr 2000 steht Deutschland in der Biotechnologie somit ein Potential von gut 100.000 Arbeitsplätzen zur Verfügung - gegenüber insgesamt 47.000 Beschäftigten in dieser Branche 1995.

Deutsche Biotech-Industrie

	Umsatz in Milliarden DM	Beschäftigte
1995	2,2	47.000
2000	4,1	100.000

Biotech-Industrie; einschließlich Forschung und Sekundärbereich.
Quelle: Prognos AG

(...) Doch eine effizientere Nutzung der Biotechnik in Deutschland setzt verbesserte Rahmenbedingungen voraus. Um zusätzliche Forschungs- und Investitionsmittel in Milliardenhöhe zu gewinnen, müßten insbesondere die steuerlichen Anreize zur Bereitstellung von Risikokapital verbessert werden.

Notwendig sind auch einfachere Genehmigungsverfahren für gentechnische Labore und Versuchsanlagen bei gleichem Sicherheitsstandard sowie kürzere Genehmigungsfristen für die Freisetzung gentechnisch veränderter Pflanzen.

Aus: iwd. Informationsdienst des Instituts der deutschen Wirtschaft. Nr. 4/97. Köln1997

Arbeitsmaterial 7:

Motor für ein Jobwunder (von Jürgen Rüttgers)

(...) Was ist also zu tun? Es geht nicht um ein paar Förderprogramme für irgendwelche Technologien. Es geht um eine Grundüberholung der Prioritäten und der politischen Instrumente. Ein zügiges Innovationstempo muß ein zentrales Ziel der Wirtschaftspolitik sein.

(...) Wir müssen es schaffen, unserer Rechtsordnung, die zu vieles zu eng regelt, dem neuen Ziel schneller Innovationen anzupassen. Mit der Liberalisierung bei Bahn, Post und Telekommunikation sind drei wichtige Schritte zur Entwicklung der Dienstleistungsgesellschaft getan. Es kommt nun darauf an, mit der gleichen Entschlossenheit die Potentiale in anderen Bereichen zu entfesseln, etwa in der Wissenschaft oder in den sozialen Diensten.

(...) Die Quelle technischen Fortschritts sind Wissenschaft und Forschung. Wir werden in dieser globalen Ökonomie nur bestehen, wenn es uns gelingt, Forschung und Dienstleistung ähnlich konsequent und ehrgeizig anzulegen, wie wir das in den klassischen Bereichen der Energietechnik, der Raumfahrt, dem Maschinenbau getan haben. Forschung für Tourismus, Handel, Finanzen muß künftig von ähnlichem Zuschnitt und vergleichbarer Dynamik sein.

(...) Auch der Staat ist als Dienstleister gefordert. Der Öffentliche Dienst muß Qualitäts- und Produktivi-

tätsfortschritte verwirklichen und einer besseren Servicementalität zum Durchbruch verhelfen. Wo im gesetzlichen Regelwerk oder in den Förderbereichen des Staates Ungleichgewichte und Entwicklungsbarrieren exitieren, müssen diese beseitigt werden.

(...) Wir alle müssen begreifen: Neue Jobs entstehen nicht da, wo die alten verlorengingen. Der Dienstleistungssektor ist der zentrale Bereich zur Lösung unserer Beschäftigungsprobleme. Entschlossener noch als in anderen Ländern müssen bei uns Tabus gebrochen werden, damit der Zug in Richtung Zukunft an Fahrt gewinnt.

Aus: Der Spiegel, Nr. 3/98. Hamburg 1998

Arbeitsmaterial 8:

Innovationsverhalten der Unternehmen

Die Innovationshemmnisse (...) sind aktuell weniger in unternehmensinternen Innovationspotentialen oder Know-how-Defiziten, in fehlenden externen Informationen über neue technologische Entwicklungen und in mangelnden Kooperationsmöglichkeiten zu suchen. Viel öfter werden Innovationsprojekte durch Rentabilitätsrisiken (d.h. hohe Markt-, Kosten- und Entwicklungsrisiken), durch Finanzierungsengpässe (vor allem Eigenkapitalmangel), durch Gesetzes- und Verwaltungsvorschriften und - so kam es aus früheren Innovationserhebungen heraus - fehlende steuerliche Anreize verhindert. Die Probleme der Innovationsfähigkeit von kleinen bis mittelgroßen Unternehmen liegen also weniger in deren technischen Fähigkeiten als vielmehr in absatz- und finanzmarktseitigen Hemmnissen: Fehlende Impulse schlagen sich in einer hohen Bewertung von Kosten und Risiken nieder.

Aus: Zur technologischen Leistungsfähigkeit Deutschlands. a.a.O.

Arbeitsmaterial 9:

Ungelernte haben keine Chance auf dem Arbeitsmarkt

(...)

- Bei insgesamt leicht ansteigenden Arbeitskräftebedarf bis zum Jahre 2010 werden aber im Bereich der Produktion und der primären Dienstleistungen - dem klassischen Tätigkeitsfeld der AbsolventInnen unterer Bildungsgänge - allein 1 Mio. Arbeitsplätze in den alten Bundesländern wegfallen. „Grundsätzlich ist jedoch die Entwicklung hin zur Dienstleistungsgesellschaft verbunden mit einer ständigen formalen Höherqualifizierung der Erwerbstätigen, weil insbesondere in den sekundären Dienstleistungen (z.B. Organisieren, Beraten, Forschen) das formale Qualifikationsniveau der Beschäftigten deutlich über dem Durchschnitt liegt."
- „Hauptverlierer des eben skizzierten Strukturwandels werden die Personen ohne beruflichen Bildungsabschluß sein. Der Beschäftigungsanteil für Ungelernte wird sich bis zum Jahre 2010 von derzeit 20% dann auf 10% halbieren, was einem Wegfall von ca. 2,7 Mio. Einfacharbeitsplätzen entspricht. Wer seine Chancen auf dem Arbeitsmarkt steigern möchte, sollte demnach unbedingt eine Ausbildung absolvieren, ein Unterfangen, das für die AbgängerInnen der unteren Bildungsgänge wegen der gestiegenen Anforderungen zu großen Schwierigkeiten führt." ...

Aus: Erziehung und Wissenschaft. Ausgabe Niedersachsen. Nr. 2/97. Hannover 1997

Arbeitsmaterial 10:

Ausbildung und Arbeitslosigkeit in Westdeutschland

Arbeitslose in Prozent nach Ausbildung

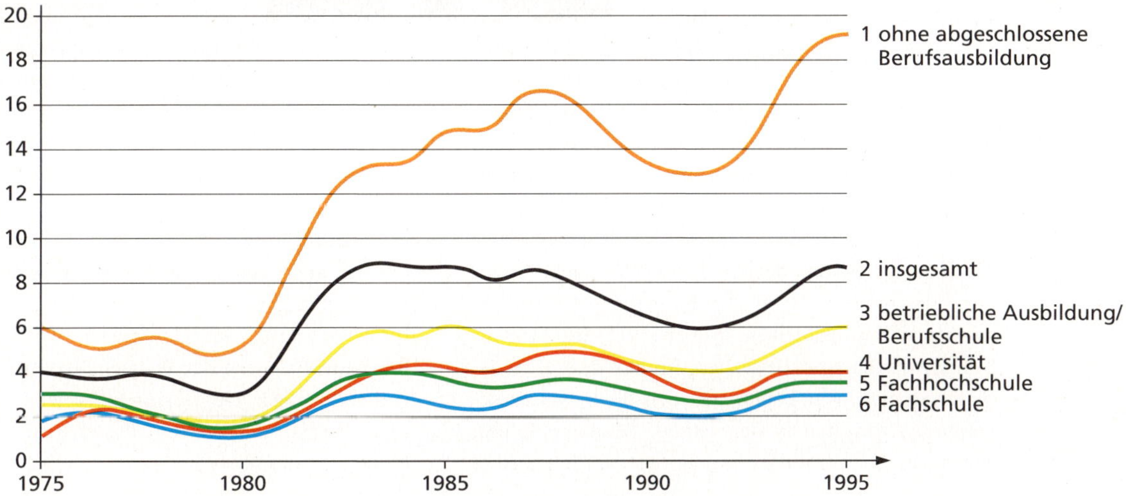

Aus: Das Zeitbild. Standort Deutschland. Zeitbild-Verlag (Hrsg.). Bonn 1997

Themenfeld 5: Europäischer Zusammenschluss im Zeichen der Globalisierung

Arbeitsmaterial 1:

Ohne gemeinsame Währung droht Rückfall in die Dreißiger Jahre

von Prof. Dr. Roman Herzog
ehemaliger Bundespräsident

Die deutschen Bürger, die fürchten, ihre harte Mark in der Währungsunion zu verlieren, argumentieren durchaus aus einer berechtigten Position. Aber sie müssen sich auch sagen lassen, daß die Härte dieser Mark schon heute nicht allein in der Hand der Deutschen Bundesbank liegt. Sie hängt auch von der Offenheit ausländischer Märkte für deutsche Exporte ab, die allein 30 % des deutschen Bruttosozialprodukts ausmachen, und mehr als zwei Drittel aller deutschen Exporte gehen wiederum in europäische Länder. Mit anderen Worten: Die Härte der DM war stets auch ein Gewinn, der der wirtschaftlichen Integration Europas zu verdanken war.

Schon heute sehen wir, daß nationale Interessen im wirtschaftlichen Bereich überhaupt nicht mehr verläßlich definiert werden können. Lassen Sie mich versuchen, für den Bürger deutlich zu machen, worum es beim Streit der Währungsexperten eigentlich geht. Verbraucher, die ihr Einkommen aus festverzinslichen Ersparnissen beziehen, sind an einer festen oder gar überbewerteten Währung interessiert, weil sie sich für eine solche Währung mehr kaufen können. Produzenten und Arbeitnehmer, die ihr Einkommen aus Unternehmen oder Arbeitsverträgen in der Exportindustrie beziehen, neigen dagegen eher zur Präferenz für eine weiche oder gar unterbewertete Währung, weil sie ihre Produkte im Ausland billiger macht und deswegen Absatz und Arbeitsplätze sichert. Wir haben bei unendlich vielen Regierungsgesprächen in den letzten Monaten erlebt, wie nach innen anders argumentiert werden mußte als nach außen. Das Problem, an dem wir nicht vorbeikommen, ist jedoch, daß in der Brust der meisten Menschen eben die berühmten zwei Seelen nebeneinander wohnen, eine Verbraucherseele und eine Produzentenseele.

Ein zweites Problem ist, daß sich in der Wirtschafts- und Währungspolitik mancher Länder die Produzentenseele stärker niederschlägt - so offenbar zeitweilig in den USA und in den sogenannten Weichwährungsländern -, in anderen Ländern dagegen, so insbesondere in Deutschland, die Verbraucherseele. An der Vereinigung der beiden Seelen geht kein wirtschaftspolitisch vernünftiger Weg vorbei. Jeder Mensch hat nur eine Seele, wenn überhaupt.

Die beste Währungspolitik ist also eine solche, die Unter- und Überbewertung gleichermaßen vermeidet, so daß die Interessen der Verbraucher und die Interessen der Produzenten zum Segen der Gesamtwirtschaft einigermaßen ausgeglichen sind. Der beste weltwirtschaftlich mögliche Weg dazu ist die internationale Koordination der Wirtschaftspolitik, der noch bessere europäische Weg aber ist die Europäische Wirtschafts- und Währungsunion.

Ich will auch sagen, was uns droht, wenn wir diesen Weg nicht gemeinsam finden. Es drohen Abwertungswettläufe, Handelskriege, Protektionismus, Renationalisierung der Wirtschaftspolitik, Deflation, vielleicht sogar Depression. Das wäre, um es kurz und bündig zu sagen, ein Rückfall in die Dreißiger Jahre, also um sechs Jahrzehnte zurück.

Aus: Löffler, Klaus (Hrsg.): Ratgeber EURO. Die 25 wichtigsten Fragen und Antworten zum neuen Geld. Bonn 1997

Arbeitsmaterial 2:

Die Erweiterung der Europäischen Union (EU-Erweiterung)

Die „EU-Erweiterung“ ist ein politisches Schlagwort für die Aufnahme und Integration neuer Mitglieder, v. a. mittel- und osteuropäischer Staaten, in die Europäische Union.

Europa hat in den letzten Jahren tiefgreifende Veränderungen erfahren. Der Zusammenbruch der Sowjetunion und das damit einhergehende Ende des Kalten Krieges veränderten die alte geopolitische Ordnung spürbar und entwerteten die alten Modelle des weltweiten Gleichgewichts. Dabei wurde der europäische Integrationsprozess stark beschleunigt.

Am 16. Juli 1997 legte die Europäische Kommission die „Agenda 2000“ vor, ein dreiteiliges Dokument, in dem folgende Herausforderungen angesprochen wurden.

- die Modernisierung der Schlüsselpolitiken der Gemeinschaft;
- die finanzielle Vorausschau der Union für den Zeitraum 2000 bis 2006 und
- die Erweiterung der Europäischen Union.

Darauf hin begannen 1998 die Beitrittsverhandlungen (sog. 1. Erweiterungsrunde) mit Estland, Polen, Slowenien, der Tschechischen Republik und Ungarn. Neben einer Reihe anderer Kandidaten steht nun die Erweiterung um weitere Länder Mittel- und Osteuropas (MOEL), nämlich Zypern, Malta und die Türkei an (2. Erweiterungsrunde).

Die EU-Erweiterung stellt ein Unterfangen von historischer Bedeutung dar und zugleich eine große Chance. Denn die Union wird sich zumindest in der ersten Runde um mehr als 100 Millionen neue Bürgerinnen und Bürger erweitern. Dadurch wächst ihre Bevölkerung in der ersten Beitrittsrunde also eventuell um mehr als ein Viertel auf nahezu 500 Millionen Menschen an, das Gesamt-BIP jedoch nur höchstens um 5 %. ...

Um der EU beitreten zu können müssen die Beitrittsländer zwei Kriterien erfüllen:

1. **Politisches Kriterium:** es beinhaltet u. a. die Wahrung der Grundsätze der Demokratie und die Achtung der Menschenrechte, was in fast allen Ländern der ersten Erweiterungsrunde erfüllt zu sein scheint, d. h. der Rechtsstaat und die Demokratie sind genügend verwurzelt und der Schutz von Minderheiten reicht aus.

2. **Wirtschaftliches Kriterium:** es besagt, dass die Beitrittsländer funktionsfähige Marktwirtschaften sein müssen, was für die fünf Länder der ersten Beritrittsrunde gilt. Ein weiterer Bestandteil des wirtschaftlichen Kriteriums ist die Fähigkeit der Länder, dem Wettbewerbsdruck und den Marktkräften innerhalb der EU standzuhalten. Die Tschechische Republik und Slowenien sind hier am weitesten, Ungarn und Polen intensivieren ihre Anstrengungen, Estland liegt noch leicht im Rückstand. Die erste Erweiterungsrunde ist demnach noch nicht abgeschlossen.

Nach: Erweiterung: Die Heranführung an den Beitritt – derzeitiger Stand und Ausblick

Arbeitsmaterial 3:

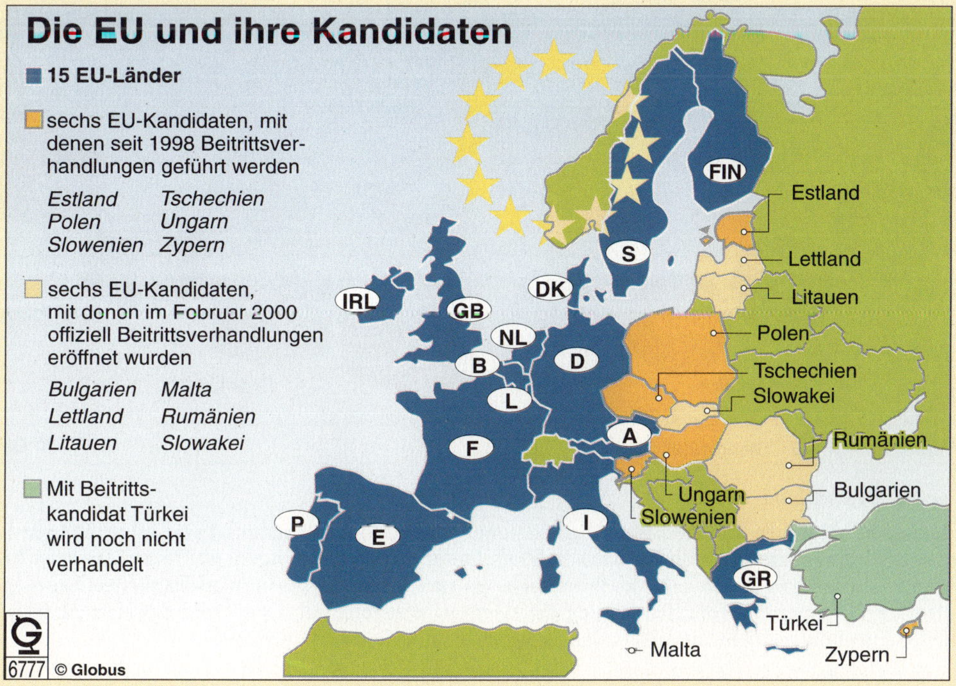

Arbeitsmaterial 4:

Globalisierung: gesagt – getan

Japans Ministerium für Internationalen Handel und Industrie (MITI) hat in die Zukunft geblickt. Demnach stehen im 21. Jahrhundert neun Wirtschaftszweigen rosige Zeiten bevor. Mit dabei: Mikroelektronik, Biotechnologie, Telekommunikation, Computerbranche, Softwareindustrie, Werkstoffindustrie, Werkzeugmaschinenbau, Robotertechnik und zivile Luftfahrt. Doch wer in diesen Branchen ein Wörtchen mitreden will, muß sich zuerst die neue Situation auf den Weltmärkten vergegenwärtigen. Fallende Handelsbarrieren, hochtechnisierte Telekommunikation, preiswerte Transportmöglichkeiten: All diese Veränderungen sorgen dafür, daß aus den Weltmärkten allmählich ein einziger Markt wird. In diesem globalen Markt wird auch die Arbeit neu verteilt. Die Unternehmen müssen schon wegen des zunehmenden Wettbewerbs dort produzieren, wo es für sie am günstigsten ist. ...

Aus: Das Zeitbild. Herausgegeben vom Zeitbild-Verlag, Bonn. Jahrgang 40, Febr. 1998

Arbeitsmaterial 5:

Im Rahmen der Globalisierung der Märkte und der Finanzmärkte haben die transnationalen Konzerne an Gewicht und Bedeutung gewonnen. Der Standortwettbewerb der Nationalstaaten und ein Weltmarkt ohne Grenzen und Regeln sowie das Fehlen einer internationalen Wettbewerbsordnung haben ihren Einfluß gesteigert. Gebiets- und Preiskartelle sind an der Tagesordnung. Rund 1/3 des Handels wird innerhalb der transnationalen Konzerne abgewickelt. ...
Gerade die Europäische Union ist auf einen funktionierenden fairen und freien Welthandel angewiesen. Die EU ist die größte Handelsmacht der Welt. Sie rangiert unter den Exportländern auf Platz eins. Jeder zehnte Arbeitsplatz in der EU hängt am Welthandel. ...

Aus: Randzio-Plath, Christa/Mann, Erika: Thema Europa. Welthandel am Scheideweg. Bonn 1998

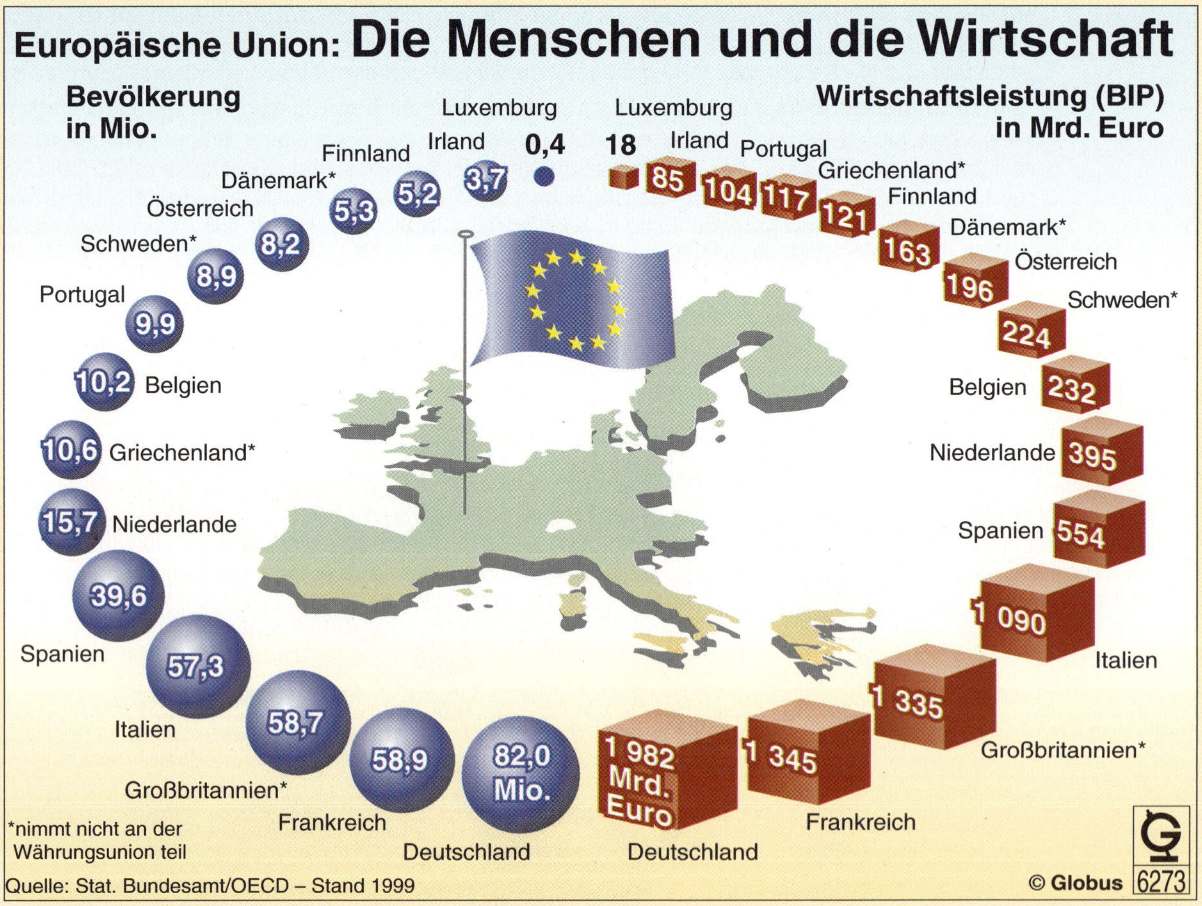

Starker Partner Deutschland

Fast 375 Millionen Menschen und eine Wirtschaftsleistung (ein Bruttoinlandsprodukt) von acht Billionen Euro – so präsentiert sich die Europäische Union für das Jahr 1999. Unter den 15 EU-Ländern ist Deutschland der bei weitem stärkste Partner – sowohl nach der Zahl der Menschen, als auch nach der gesamtwirtschaftlichen Leistung. Anders sieht es allerdings bei einer Pro-Kopf-Betrachtung der Wirtschaftsleistung aus. Dann wird das kleine Luxemburg mit seinen 400 000 Einwohnern zu einem Riesen, der alle anderen an Größe weit übertrifft.

Statistische Angaben: Statistisches Bundesamt, OECD

Aufgabe 8:

Sie haben die Arbeitsergebnisse der fünf Arbeitsgruppen zu ihren jeweiligen Themenfeldern in der Präsentation vorgestellt bekommen.

Bilden Sie einen Stuhlkreis und fassen Sie die fünf Arbeitsgruppenergebnisse zu einem einheitlichen wirtschaftspolitischen Strategiepapier zusammen. Dieses Papier sollte von Ihnen so abgefasst werden, dass es als Grundlage der nächsten Kabinettssitzung am 2. April verwendet werden kann.

2 April

Frau Dr. Grundtland eröffnet die Kabinettssitzung und erteilt dem Leiter der ressortübergreifenden Arbeitsgruppe Wirtschaftspolitik, Herrn Bundesminister Wülfing, das Wort.

Bundesminister Wülfing: Meine Damen, meine Herren, unser wirtschaftspolitisches Strategiepapier ist Ihnen ja zusammen mit der Tagesordnung der heutigen Kabinettssitzung zugegangen. Wie auf der letzten Sitzung am 2. März beschlossen, haben wir Vorschläge für wirtschaftspolitische Maßnahmen in unserer Arbeitsgruppe entwickelt. Uns kam es dabei darauf an, uns den Gegenwarts- und Zukunftsproblemen der Gesellschaft zu stellen. Die Bürgerinnen und Bürger unseres Landes erwarten von uns rasche und mutige Entscheidungen.

Bundeskanzlerin Dr. Grundtland: Herr Bundesminister Wülfing, ich danke Ihnen und allen Mitarbeitern der ressortübergreifenden Arbeitsgruppe für Ihre kreativen und zukunftsweisenden Vorschläge. Bevor wir darüber beraten, möchte ich unseren heutigen Gast, Herrn Bundesbankpräsident Dr. Müller-Wattenscheidt, herzlich begrüßen. Ich bat ihn im Vorfeld unserer Beratungen darum, kurz darüber zu referieren, welche Möglichkeiten die Bundesbank hat, die Wirtschaftspolitik der Bundesregierung zu unterstützen. Wenn wir auch alle um die Unabhängigkeit der Bundesbank wissen, so sollten die Wechselwirkungen zwischen staatlicher Konjunkturpolitik und der Geldpolitik der Bundesbank bzw. der Europäischen Zentralbank noch einmal kurz beleuchtet werden, bevor wir unser Strategiepapier zur zukünftigen Wirtschaftspolitik beraten.

Aufgabe 9:

Informieren Sie sich aufgrund des folgenden Informationsmaterials über die rechtliche Stellung der Bundesbank im Verhältnis zur Bundesregierung. Fassen Sie die möglichen geldpolitischen Maßnahmen der Europäischen Zentralbank (EZB) und deren Auswirkungen auf die volkswirtschaftlichen Rahmenbedingungen in Form eines Kurzreferates zusammen. Falls Ihnen das angebotene Informationsmaterial nicht ausreicht, können Sie weiteres Material bei anderen Institutionen (vgl. Seite 67 f.) anfordern.

Rechtliche Stellung der Bundesbank und der europäischen Zentralbank (EZB)

In Artikel 88 des Grundgesetzes (GG) ist die gesetzliche Grundlage zur Gründung der **Deutschen Bundesbank** geschaffen:

GG Art. 88: (Bundesbank) Der Bund errichtet eine Währungs- und Notenbank als Bundesbank.

Die Bundesbank ist eine bundesunmittelbare juristische Person des öffentlichen Rechts, die ihren Sitz in Frankfurt am Main hat. Neben der Zentrale in Frankfurt existieren die seit 1992 in neun Hauptverwaltungen zusammengefassten **Landeszentralbanken.**

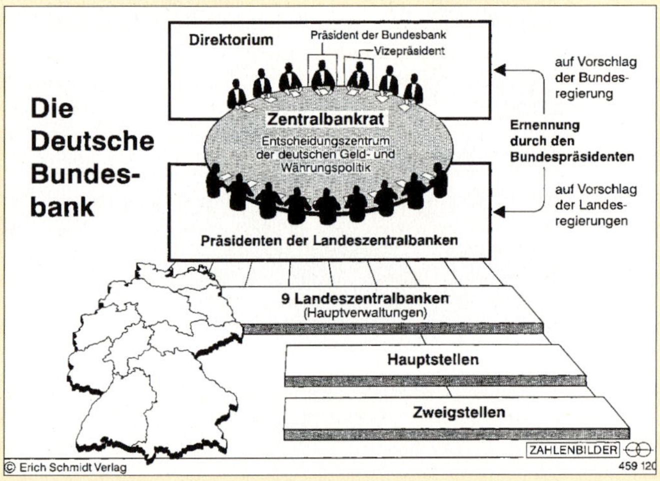

Mit Beginn der dritten Stufe zur **Europäischen Wirtschafts- und Währungsunion** 1999 wird eine einheitliche europäische Geldpolitik durch die **Europäische Zentralbank (EZB)** gesichert, in deren Politik sich die einzelnen Notenbanken der Mitgliedsländer einzufügen haben.

Der Gesetzgeber hat im Bundesbankgesetz bestimmt, dass die Bundesbank prinzipiell unabhängig ist von den Weisungen der Bundesregierung. Allerdings muss die Bundesbank die allgemeine Wirtschaftspolitik der Regierung unterstützen.

BBankG § 12: Verhältnis der Bank zur Bundesregierung

„Die Deutsche Bundesbank ist bei der Ausübung der Befugnisse, die ihr nach diesem Gesetz zustehen, von Weisungen der Bundesregierung unabhängig. Soweit dies unter Wahrung ihrer Aufgabe als Bestandteil des Europäischen Systems der Zentralbanken möglich ist, unterstützt sie die allgemeine Wirtschaftspolitik der Bundesregierung."

Die Aufgaben der Bundesbank und die von ihr einzusetzenden Instrumente sind im Bundesbankgesetz (BBankG) von 1957 gesetzlich geregelt, zuletzt geändert am 16.12.1999.

BBankG § 3: Aufgaben

„Die Deutsche Bundesbank ist als Zentralbank der Bundesrepublik Deutschland integraler Bestandteil des Europäischen Systems der Zentralbanken. Sie wirkt an der Erfüllung seiner Aufgaben mit dem vorrangigen Ziel mit, die Preisstabilität zu gewährleisten und sorgt für die bankmäßige Abwicklung des Zahlungsverkehrs im Inland und mit dem Ausland. Sie nimmt darüber hinaus die ihr nach diesem Gesetz oder anderen Rechtsvorschriften übertragenen Aufgaben wahr."

Geldpolitische Instrumente der EZB

Das Bundesbankgesetz legt fest, dass die Bundesbank als nationale Notenbank integraler Bestandteil des **Europäischen Systems der Zentralbanken (EZB)** ist. Das ESZB besteht aus der Europäischen Zentralbank und den nationalen Zentralbanken der EU-Mitgliedsstaaten, die eine einheitliche Währung eingeführt haben. Der so genannte **EZB-Rat** legt die Geldpolitik fest, das **Direktorium der EZB** hat die Aufgabe diese Geldpolitik gemäß den Leitlinien und Entscheidungen des EZB-Rats auszuführen. Das vorrangige Ziel des ESZB ist vertragsgemäß die Gewährleistung der Preisstabilität und damit auch die Geldwertstabilität. Soweit dies ohne Beeinträchtigung dieses Zieles möglich ist, unterstützt das ESZB die allgemeine Wirtschaftspolitik in der Europäischen Union.

Aus: Das Zeitbild, hrsg. v. Zeitbild-Verlag, Bonn 1997

Um seine Ziele zu erreichen, stehen dem ESZB verschiedene geldpolitische Instrumente zur Verfügung, die den ehemaligen nationalen geldpolitischen Instrumenten der Deutschen Bundesbank stark ähneln.

Als **Handlungsrahmen** stehen folgende geldpolitische Instrumente zur Verfügung, deren Nutzung bzw. Ausgestaltung der EZB-Rat jederzeit ändern kann:

I Offenmarktgeschäfte

II Ständige Fazilitäten[1]

III Mindestreserven

[1] Fazilität: Kreditmöglichkeit

Der Einsatz dieser Instrumente dient zur Steuerung der Zinssätze und der Liquidität („Flüssigkeit") am Markt, der „Preis des Geldes" – z. B. für Kredite – wird so erhöht, oder gesenkt.

Zu I (Offenmarktgeschäfte):

Bei den so genannten **Offenmarktgeschäften** werden Wertpapiere von der EZB bzw. von den Nationalen Zentralbanken ge- und verkauft oder entsprechende Kredite gegen Verpfändung von Sicherheiten eingeräumt. Die Offenmarktgeschäfte können in den folgenden vier Formen durchgeführt werden:

Offenmarktgeschäfte

Kauf oder Verkauf von Wertpapieren oder Einräumung von Krediten gegen Verpfändung von entsprechenden Sicherheiten

Hauptrefinanzierungsinstrument	Längerfristige Refinanzierungsgeschäfte	Feinsteuerungsoperationen	Strukturelle Operationen
• Laufzeit: 2 Wochen • Rhythmus: wöchentlich (Mengen- oder Zinstender)	• Laufzeit: 3 Monate • Rhythmus: monatlich (Mengen- oder Zinstender)	• Laufzeit: i. d. R. nicht standardisiert • Rhythmus: unregelmäßig	• Laufzeit: i. d. R. nicht standardisiert • Rhythmus: i. d. R. unregelmäßig

Bei der Durchführung offenmarktpolitischer Geschäfte wird vor allem auf das **Tenderverfahren** – ein Versteigerungsverfahren – zurückgegriffen. Man unterscheidet dabei zwischen **Mengen-** und **Zinstender.** Beim Mengentender gibt die EZB bzw. die NZB den Zinssatz vor, die Banken nennen die Beträge, für die sie Wertpapiere „in Pension" geben wollen. Die EZB entscheidet dabei über die Zuteilungsquote.

Liquiditätszuführende befristete Transaktion über Mengentender

Die EZB beschließt, dem Markt Liquidität über eine befristete Transaktion in Form eines Mengentenders zuzuführen.

Drei Geschäftspartner geben folgende Gebote ab:

Geschäftspartner	Gebot (Millionen EUR)
Bank 1	30
Bank 2	40
Bank 3	70
Insgesamt	140

Die EZB beschließt, insgesamt 105 Millionen EUR zuzuteilen.

Der Prozentsatz der Zuteilung errechnet sich wie folgt: $\frac{105}{(30 + 40 + 70)} = 75\%$

Geschäftspartner	Gebot (Millionen EUR)	Zuteilung (Millionen EUR)
Bank 1	30	22,5
Bank 2	40	30,0
Bank 3	70	52,5
Insgesamt	140	105,0

Liquiditätszuführende befristete Transaktion über Zinstender

Die EZB beschließt dem Markt Liquidität über eine befristete Transaktion in Form eines Zinstenders zuzuführen.
Drei Geschäftspartner geben folgende Gebote ab:

	Beträge in Millionen EUR				
Zinssatz (%)	Bank 1	Bank 2	Bank 3	Gebote insgesamt	Kumulative Gebote
3,15				0	0
3,10		5	5	10	10
3,09		5	5	10	20
3,08		5	5	10	30
3,07	5	5	10	20	50
3,06	5	10	15	30	80
3,05	10	10	15	35	115
3,04	5	5	5	15	130
3,03	5		10	15	145
Insgesamt	30	45	70	145	

Aus: Europäische Zentralbank: Die einheitliche Geldpolitik in Stufe 3. Allgemeine Regelungen für die geldpolitischen Instrumente und Verfahren des ESZB. Frankfurt 1998, S. 64 f.

Die EZB beschließt 94 Millionen EUR zuzuteilen, sodass sich ein marginaler Zinssatz von 3,05 % ergibt. Alle Gebote über 3,05 % (bis zu einem kumulativen Betrag von 80 Millionen EUR) werden voll zugeteilt. Bei 3,05 % ergibt sich folgende prozentuale Zuteilung:

$$\frac{94 - 80}{35} = 40\%$$

Die Zuteilung an Bank 1 zum marginalen Zinssatz beträgt zum Beispiel:

$$0{,}4 \cdot 10 = 4$$

Insgesamt ergibt sich für Bank 1 folgende Zuteilung:

$$5 + 5 + 4 = 14$$

Zu II (Ständigen Fazilitäten):

Die **ständigen Fazilitäten** können in zwei Formen genutzt werden:

- Bei der **Spitzenrefinanzierungsfazilität** können sich die Banken kurzfristig – praktisch über Nacht – Geld beschaffen, zu einem Zinssatz, der wahrscheinlich die Obergrenze des Tagesgeldzinssatzes bilden wird.
- Die Banken können außerdem in Form der **Einlagefazilität** bei den nationalen Zentralbanken Guthaben bis zum nächsten Geschäftstag einlegen. Der Zinssatz für die Einlagefazilität bildet i.d.R. die Untergrenze des Tagesgeldzinssatzes.

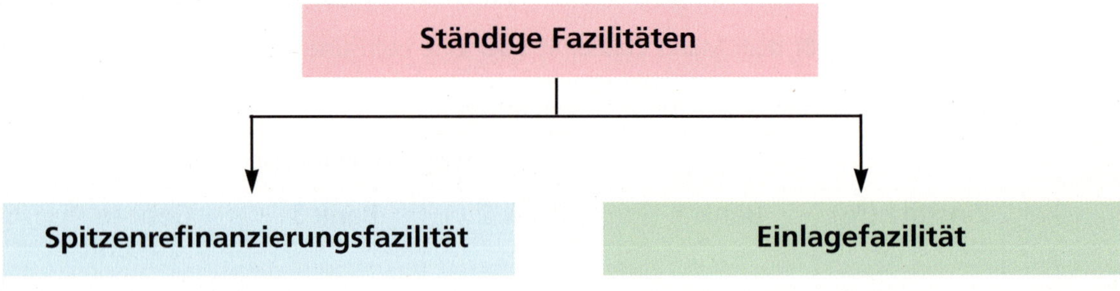

Zu III (Mindestreserven):

Gemäß § 16 des Bundesbankgesetzes kann die Deutsche Bundesbank von den Kreditinstituten verlangen, dass diese einen bestimmten Prozentsatz ihrer Verbindlichkeiten als Guthaben auf den Konten der Zentralbanken unterhalten. Man bezeichnet diese Guthaben als **Mindestreserve.** Je höher diese Mindestreserve festgelegt wird, um so stärker werden die Banken bei der Kreditvergabe eingeschränkt, was sich in einer Erhöhung des Kreditzinses niederschlägt. Der Geldschöpfungsspielraum der Kreditinstitute kann somit beeinflusst werden.

Bundeskanzlerin Dr. Grundtland: Herr Dr. Müller-Wattenscheidt, ich danke Ihnen im Namen des gesamten Bundeskabinetts für Ihre Ausführungen. Bei der jetzt folgenden Beratung werden wir Ihre Darlegungen sicherlich berücksichtigen. Meine Herren, meine Damen, kommen wir nun zur Beratung des uns vorliegenden Strategiepapiers. Bevor wir das Papier im Einzelnen diskutieren, sollten die jeweiligen Minister die erarbeiteten Vorschläge aus der Sicht ihres Ressorts kurz beurteilen.

Aufgabe 10:

Führen Sie in Ihrer Klasse ein Rollenspiel zur Kabinettssitzung durch, in dem Sie die Sichtweise der einzelnen Bundesminister zum wirtschaftspolitischen Strategiepapier kurz thematisieren. Überlegen Sie selbst, welche Bundesminister Ihrer Meinung nach aktiv am Rollenspiel beteiligt sein sollten.

Die nicht am Rollenspiel Beteiligten sollten den folgenden Beobachtungsbogen ausfüllen. Entscheiden Sie, ob Sie für das Rollenspiel die im Anhang befindlichen Rollenkarten verwenden wollen.

Beobachtungsbogen zum Rollenspiel

1. Skizzieren Sie mit wenigen Stichworten die Sichtweise der einzelnen Minister/-innen zum wirtschaftspolitischen Strategiepapier:

Bundesminister/-in .... : ______________________

Bundesminister/-in .... : ______________________

Bundesminister/-in .... : ______________________

Bundesminister/-in .... : ______________________

Bundesminister/-in .... : ______________________

Bundesminister/-in .... : ______________________

Bundesminister/-in .... : ______________________

2. Wie identifizieren sich die Rollenspieler/-innen mit ihrer Rolle?

____

____

____

Aufgabe11:

Werten Sie das durchgeführte Rollenspiel zunächst aus, indem Sie Ihre Ausführungen der einzelnen Beobachtungsbögen abgleichen.

Diskutieren Sie danach im Klassengespräch, ob das erarbeitete Strategiepapier aufgrund des Rollenspiels geändert werden sollte.

Halten Sie etwaige Änderungen auf einem gesonderten Blatt schriftlich fest.

Bundeskanzlerin Dr. Grundtland: Meine Herren, meine Damen, ich danke Ihnen für Ihre interessanten Beiträge und Ergänzungen zu dem Strategiepapier der ressortübergreifenden Arbeitsgruppe. Da wir jetzt Einigkeit über die einzuleitenden wirtschaftspolitischen Maßnahmen in unserem Kreise hergestellt haben, sollten wir unsere Vorstellungen den wichtigsten gesellschaftlichen Interessenverbänden zur Beratung vorlegen. In der derzeitigen wirtschaftlichen Lage kommt es meines Erachtens darauf an, dass über die einzuleitenden Maßnahmen ein breiter gesellschaftlicher Konsens hergestellt wird. Nur durch breite Zustimmung zu unseren Maßnahmen werden diese den erhofften Erfolg bringen. Aus diesem Grunde schlage ich vor, dass wir ein Hearing organisieren sollten, in dem alle gesellschaftlich relevanten Gruppen ihre Stellungnahme zu unserem wirtschaftspolitischen Konzept vortragen.

Aufgabe 12:

Bereiten Sie zunächst unter Nutzung der folgenden Informationsmaterialien in arbeitsteiliger Gruppenarbeit ein entsprechendes Hearing vor. Wählen Sie die Interessengruppen aus, die Ihrer Meinung nach am wichtigsten sind; von jeder Arbeitsgruppe sollte nur jeweils die Sichtweise einer Interessengruppe zusammengefasst werden.

Präsentieren Sie anschließend Ihre Ergebnisse in Form eines Hearings.

Bestimmen Sie für jede Präsentation eine der bestehenden Arbeitsgruppen, die mithilfe des Beobachtungsbogens auf Seite 59 das Statement auswertet.

Interessengruppen

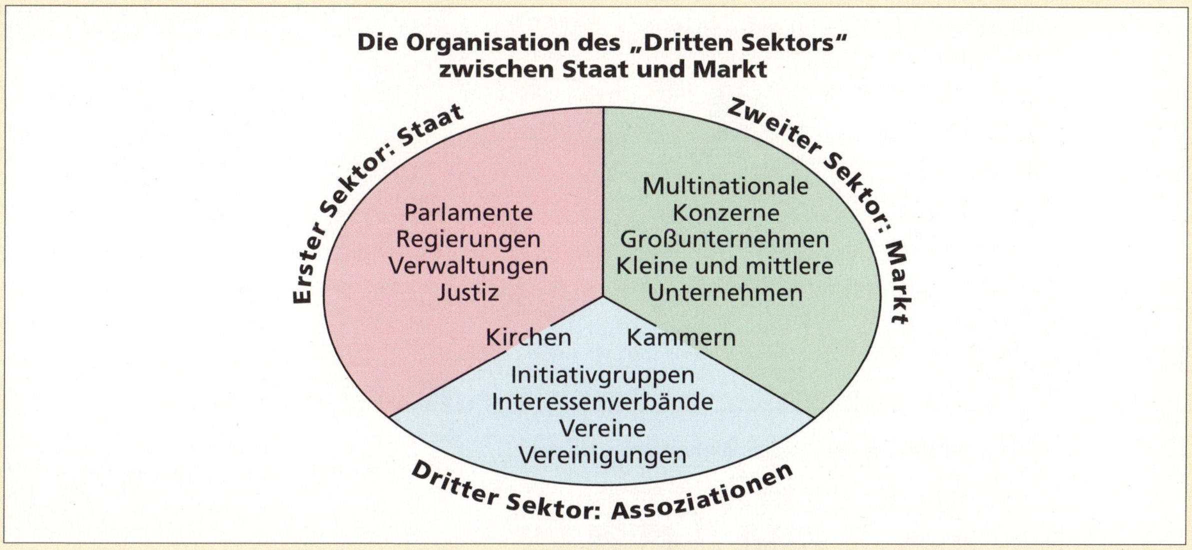

Aus: Informationen zur politischen Bildung. Heft 253: Interessenverbände. Hrsg. v. Bundeszentrale für Poltische Bildung, Bonn 1996

Interessengruppen: Unterscheidung nach gesellschaftlichen Handlungsfeldern

1. Wirtschaft und Arbeit
- Wirtschafts- und Unternehmerverbände aller Wirtschaftssektoren (Produktion, Verarbeitung, Dienstleistung und Branchen),
- Arbeitgeberverbände,
- Kammern,
- Innungen,
- Arbeitnehmerverbände (Gewerkschaften, Berufsverbände),
- Verbände der Selbständigen (insbesondere Bauern, freie Berufe, Hausbesitzer usw.),
- allgemeine Verbraucherverbände,
- spezielle Verbraucherverbände (Mieter, Steuerzahler, Postbenutzer, Autofahrer).

2. Soziales Leben und Gesundheit
- Sozialleistungsverbände (insbesondere die Wohlfahrtsverbände),
- Sozialanspruchsverbände (zum Beispiel Blinden- und Kriegsopferverbände),
- Medizin-, Patienten- u. Selbsthilfevereinigungen,
- Familienverbände,
- Kinder-, Jugendlichen- und Seniorenverbände, Frauenverbände,
- Ausländer- und Flüchtlingsverbände.

3. Freizeit und Erholung
- Sportverbände,
- Verbände für Heimatpflege, Brauchtum, Geschichte,
- Kleingärtnerverbände,
- Naturnutzerverbände (Jäger, Angler, Tierzüchter),
- Geselligkeits- und Hobbyverbände (Kegler, Sammler, Sänger u. Musizierer, Spiel u. Spaß, Fan-Clubs).

4. Religion, Weltanschauung und gesellschaftliches Engagement
- Kirchen und sonstige Religionsgemeinschaften,
- gesellschaftspolitische Verbände (Grund- und Menschenrechte, Internationale Verständigung, Frieden, Kriegsdienstverweigerer usw.),
- Umwelt- und Naturschutzverbände.

5. Kultur, Bildung und Wissenschaft
- Verbände der Bildung, Ausbildung und Weiterbildung,
- Verbände im Kunstbereich (Literatur, Musik, Theater, bildende Kunst usw.),
- Verbände von Kultur- und Denkmalschutz,
- wissenschaftliche Vereinigungen.

Aus: Informationen zur politischen Bildung. Heft 253: Interessenverbände. Hrsg. v. Bundeszentrale für Poltische Bildung, Bonn 1996

Aus: Informationen zur politischen Bildung, a. a. O.

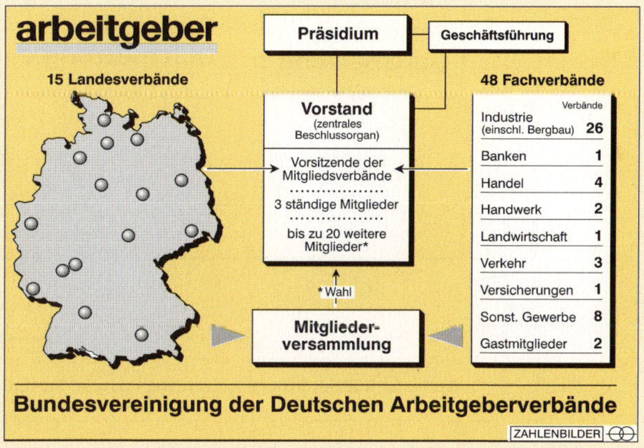

Aus: Informationen zur politischen Bildung, a. a. O.

i

Interessengruppen

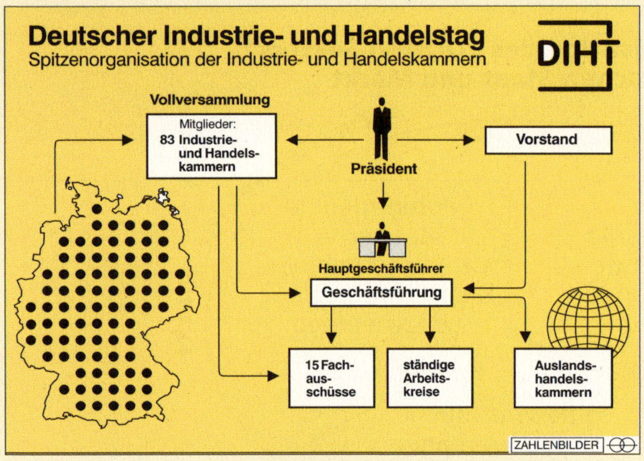

Adressaten und Methoden der Verbände

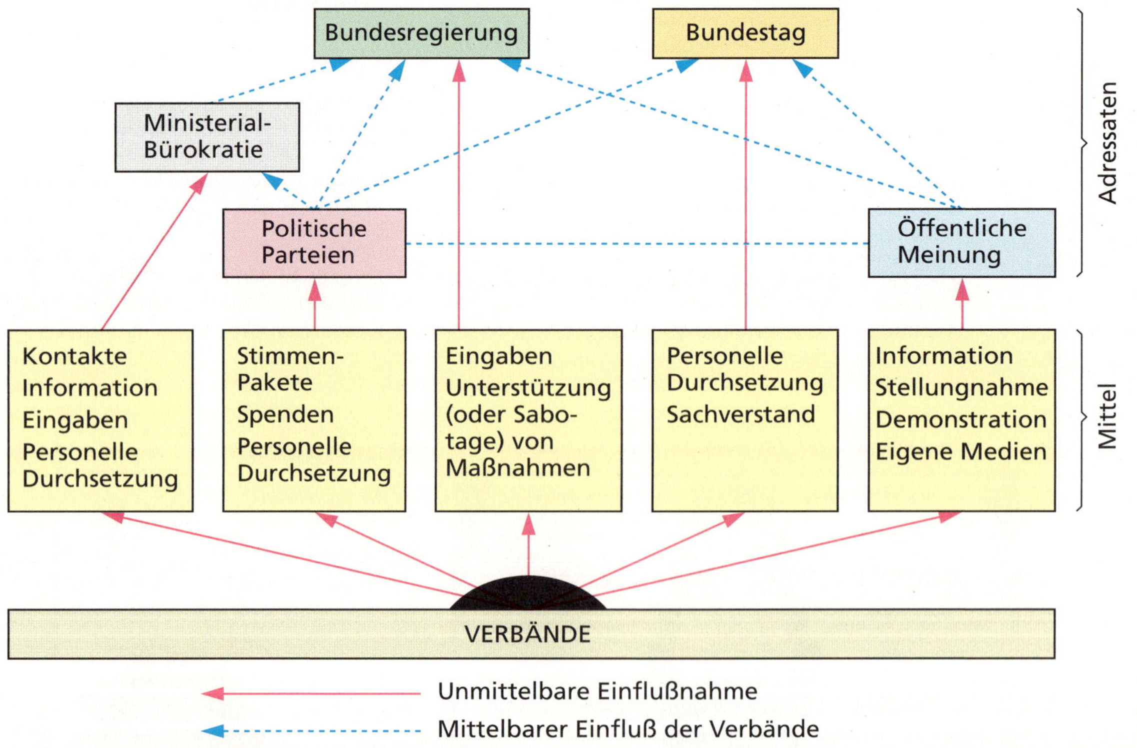

Wolfgang Rudzio, Die organisierte Demokratie, Stuttgart 1982, S. 41.

Aus: Informationen zur politischen Bildung, Heft 253: Interessenverbände. Hrsg. v. Bundeszentrale für politische Bildung, Bonn 1996

Beobachtungsbogen zum Hearing

Statement der Interessengruppe ....

1. Skizzieren Sie mit wenigen Stichworten die Sichtweise des Interessenvertreters zum wirtschaftspolitischen Strategiepapier der Bundesregierung.

2. Wie identifizierte sich der Interessenvertreter mit seiner Rolle?

3. Welche Verbesserungsvorschläge möchten Sie dem Interessenvertreter bei der Wahrnehmung seiner Interessen unterbreiten?

Fallerweiterung: Wirtschaftsordnung

Im ersten Teil der handlungsorientierten Lehr-Lern-Materialien wurden die Grundzüge der Wirtschaftspolitik im Rahmen einer Fallstudie erarbeitet. Dieser zweite Teil setzt sich aktiv mit der **Gestaltung einer zukunftsweisenden Wirtschaftsordnung** auseinander. Bestehende Wirtschaftsordnungen lösen sich im Zeichen der Globalisierung teilweise auf beziehungsweise befinden sich in einem historischen Veränderungsprozess. Um sich den damit zusammenhängenden Wertewandel bewusst zu machen, neue Denkstrukturen und Sichtweisen zuzulassen, sollten Kreativtechniken angewendet werden. Die **Methode der Zukunftswerkstatt** bietet diese Möglichkeit individuelle Zukunftsentwürfe einer neuen Wirtschaftsordnung kreativ zu entwickeln.

Auf den folgenden Seiten wird die Methode der Zukunftswerkstatt ausführlich erläutert. Diese Basisinformationen sollten sich – eventuell in arbeitsgleicher Gruppenarbeit – angeeignet werden. Für den Einsatz dieser Kreativmethode sollte ein Zeitbedarf von ca. 4 bis 6 Doppelstunden eingeplant werden.

Um einen relativ einheitlichen Wissensstand zum Thema Wirtschaftsordnung herzustellen werden entsprechende Grundinformationen auf den Seiten 64 und 65 angeboten.

Das Autorenteam wünscht Ihnen viel Spaß und gute Ideen.

Möchten Sie uns Ihre Zukunftsentwürfe zukommen lassen? Dann senden Sie uns die Dokumentation Ihrer Ergebnisse doch einfach zu!

Adresse:

Winklers Verlag
im Westermann Schulbuchverlag GmbH
Programm 3
Postfach 11 15 52
64230 Darmstadt

E-mail: service@winklers.de
Internet: http://www.winklers.de

i

Die Methode der Zukunftswerkstatt

I. Ziele der Zukunftswerkstatt

Die Methode der Zukunftswerkstatt ist aus der kritischen Arbeit sozial engagierter Zukunftsforscher, z. B. Robert Jungk, entstanden und in die Bürgerinitiativenbewegung der 60er und 70er Jahre integriert worden.[1] Ziel dieser Methode war es zunächst, die Demokratisierung der Gesellschaft voranzutreiben, indem die Bürger/-innen zur aktiven Mitarbeit an der Veränderung der Gesellschaft herangeführt wurden. Mit der Übernahme dieser Methode in den pädagogischen Alltag des Schul- und Ausbildungswesens steht vor allem die Förderung von Analyse- und Kritikfähigkeit sowie von Kreativität im Vordergrund; die Beteiligten sollen eigene **Zukunftsentwürfe** entwickeln. Hohe Lernaktivität soll innerhalb dieses Prozesses zu selbstbestimmtem Lernen führen.

II. Ablauf der Methode

Charakteristisch für die Methode der Zukunftswerkstatt ist ihre Aufteilung in mehrere voneinander deutlich – auch zeitlich – getrennte **Phasen:**

1. Die Kritik- oder Beschwerdephase,
2. Die Phantasie- oder Utopiephase,
3. Die Realisierungs- oder Verwirklichungsphase.

Eine einleitende **Vorbereitungsphase** dient vor allem dazu, den Teilnehmenden die Methode zu erklären und benötigte Arbeitsmaterialien (z. B. Wandzeitungspapier, Schreibgeräte, Pinnwände, Moderationskarten) zu beschaffen.

Eine abschließende **Nachbereitungsphase** dient überwiegend der Auswertung, der Reflexion der Methode. Sinnvoll ist die vorherige Auswahl eines oder mehrerer Moderatoren bzw. Moderatorinnen, die möglichst bereits Erfahrungen mit der Methode gesammelt haben sollten. Ihre Aufgabe ist es, vor allem auf die Einhaltung der Spielregeln zu achten und u. U. Impulse (z. B. gezieltes Nachfragen) für den Gruppenprozess zu geben.

III. Die Kritikphase

In dieser Phase sollen die Beteiligten Kritik am ausgewählten Thema, z. B. an der bestehenden Wirtschaftsordnung und ihren gesellschaftlichen Folgen, offen äußern. Mögliche Fragen des Moderators bzw. der Moderatorin zum Einstieg könnten sein:

- Was stört dich an der bestehenden Wirtschaftsordnung?
- Was kritisierst du an den Folgen dieser Wirtschaftsordnung?

Die wichtigsten Regeln der Kritikphase

1. Jeder Teilnehmer äußert seine Kritik, in der Regel mündlich oder schriftlich (stichwortartig z. B. auf Moderationskarten oder Wandzeitungen), ohne dass andere diese Kritik kommentieren oder diskutieren. Es ist möglich, die Anzahl der Kritikpunkte pro Teilnehmer zu beschränken.
2. Die kritischen Äußerungen sollen noch keine Lösungsvorschläge enthalten.

[1] Jungk, Robert und Müllert, Norbert R: Zukunftswerkstätten. Mit Phantasie gegen Routine und Resignation. 6. Aufl., München 1997
Dauscher, Ulrich: Moderationsmethode und Zukunftswerkstatt. Neuwied, Kriftel, Berlin 1996

Am Ende der Kritikphase gilt es, die vorgebrachten Kritikpunkte zu ordnen und zu systematisieren. Am einfachsten lassen sich beschriebene Moderationskarten an der Pinnwand umstecken, für verschiedene Kritikbereiche können Oberbegriffe formuliert werden. Falls die Zeit für die Durchführung der Zukunftswerkstatt begrenzt ist, ist es sinnvoll, zunächst die wichtigsten Kritikpunkte herauszustellen (z. B. durch die Vergabe von Klebepunkten). Die Anzahl der zu vergebenden Punkte pro Teilnehmer sollte dabei beschränkt werden.

Als Sitzordnung für die Kritikphase hat sich der Stuhlhalbkreis bewährt:

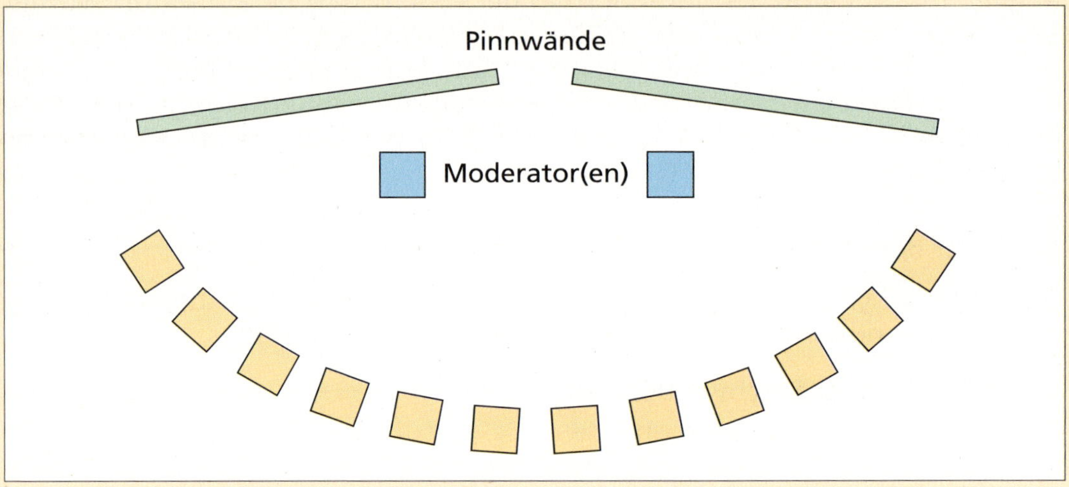

IV. Die Phantasie- oder Utopiephase

Das Ziel dieser Phase besteht darin, Ideen für wünschenswerte Zukunftsideen zu sammeln, wobei es unbedeutend ist, ob sie auch zu realisieren sind. Gesucht werden Idealvorstellungen von utopischen Entwürfen. Der Moderator bzw. die Moderatorin könnten z. B. einleitend fragen:

- Wie stellst du dir eine optimale Wirtschaftsordnung der Zukunft vor?
- Welche positiven Wesensmerkmale müsste deiner Meinung nach eine wünschenswerte Wirtschaftsordnung aufweisen?

Die Hauptregeln der Phantasie- und Utopiephase

1. „Du hast alle Macht und alles Geld dieser Welt – Alles geht".
2. Unsinnige Ideen sind nicht nur zugelassen, sie sind sogar erwünscht.
3. Eine Kommentierung oder Diskussion einzelner Kritiken ist nicht erlaubt.

Um es den Teilnehmern leichter zu machen, Utopien zu beschreiben, können von den Moderatoren und Moderatorinnen bestimmte Techniken angewendet werden um eine „Phantasieathmosphäre" zu schaffen, z. B.:

- Bildung von Assoziationen (z. B. aus der Natur)
- Förderung von Übertreibungen durch Setzen von Impulsen
- Durchführung einer Phantasiereise
- Malen von Bildern
- Erstellen von Collagen
- Durchführung von Rollenspielen

Die Phantasiephase kann im Plenum, aber auch arbeitsteilig oder arbeitsgleich in Gruppenarbeit durchgeführt werden. Moderationskarten können hier dazu dienen, die Wunschvorstellungen sprachlich zu fixieren und sie anschließend zu ordnen. Falls es gewünscht wird, können die utopischen Entwürfe auch in nichtschriftlicher Form vor dem Plenum präsentiert werden (z. B. Videofilm, szenisches Spiel, Nachrichtensendung, Collage).

Wenn in der anschließenden Realisierungsphase aus Zeitgründen nicht alle Zukunftsvorstellungen berücksichtigt werden können, muss am Ende der Phantasiephase wieder eine Gewichtung, eine Auswahl einzelner Zukunftsentwürfe – z. B. durch Punktekleben – vorgenommen werden.

V. Die Realisierungsphase

Ausgangspunkt der Realisierungsphase sind die Ergebnisse der Phantasiephase: die utopischen Entwürfe. Zum Vergleich können die Resultate der Kritikphase herangezogen werden. In der Realisierungsphase geht es darum, Wege zu finden, wie man von den gegenwärtigen – kritisierten – Zuständen zu den wünschenswerten Zukunftsvorstellungen gelangt. Verwirklichungsstrategien werden entwickelt – ob an Hand ausgewählter Schwerpunkte im Plenum oder in abgestimmter Gruppenarbeit. Der Ausgangspunkt für diese Strategien sind Ansätze in der Realität. Unterschiedliche Realisierungsmöglichkeiten können dargestellt, gegebenenfalls wieder gewichtet werden. In die Verwirklichungsphase können verschiedene Methoden integriert werden um den Praxisbezug zu erhöhen und die Ergebnisorientierung zu effektivieren. Beispiele hierfür sind:

- Durchführen von Expertengesprächen (z. B. Befragen von Politikern oder Wissenschaftlern)
- Planung und Durchführung von Fragebogenaktionen
- Analyse fachwissenschaftlicher Aufsätze

Schließlich kann die Zukunftswerkstatt auch überleiten in die Vorbereitung und Realisation eines Projektes.

In einer **Nachbereitungsphase** geht es vor allem darum, die gewonnenen Erkenntnisse zu sammeln und zu ordnen, eine abschließende **Ergebnissicherung** ist vorzunehmen. In jedem Falle sollte positive und negative Kritik zur durchgeführten Zukunftswerkstatt protokolliert und ausgewertet werden.

Wirtschaftsordnungen (Ideal- und Realtypen)

I. Begriffsklärung

Die Wirtschaftsordnung beziehungsweise das Wirtschaftssystem eines Staates wird durch folgende Merkmale bestimmt:

- **Eigentumsordnung**
  Hierbei geht es insbesondere um die Frage, in wessen Händen sich vor allem die Produktionsmittel (das Sachkapital) befinden: in privatem Eigentum von Unternehmen, in gesellschaftlichem oder staatlichem Eigentum.
- **Entscheidungsträger und -mechanismen**
  Bei diesen Merkmalen geht es darum, durch wen und wie wirtschaftliche Entscheidungen getroffen werden: z. B. durch einzelne Wirtschaftssubjekte (Unternehmen, Verbraucher) oder durch den Staat bzw. gesellschaftliche Institutionen.
- **wirtschaftliche Zielsetzungen**
  Jede Wirtschaftsordnung bestimmt die Hierarchie (Gewichtung, Reihenfolge) ihrer wirtschaftlichen Ziele. So kann bei einer Wirtschaftsordnung beispielsweise als oberstes Ziel die Vollbeschäftigung oder ein hohes Wirtschaftswachstum im Vordergrund stehen; auch über die Art der produzierten Güter können Grundsatzentscheidungen (z. B. die Herstellung umweltfreundlicher Produkte) getroffen werden.

Die Wirtschaftsordnung ist Teil des Gesellschaftssystems eines Staates; zwischen der Wirtschaftsordnung und dem politischen und kulturellen System bestehen in der Regel wechselseitige Abhängigkeiten.

Wirtschaftsordnungen können als theoretische Modelle, also als gedanklich konstruierte volkswirtschaftliche Systeme **(Idealtypen)** oder als tatsächlich verwirklichte volkswirtschaftliche Systeme **(Realtypen)** beschrieben werden.

II. Idealtypen

Als idealtypische Modelle werden die **freie Marktwirtschaft** und die **Zentralverwaltungswirtschaft** unterschieden. Beide Modelle sind aufgrund historischer Entwicklungen – vornehmlich in Europa – entstanden. Die Idee der freien Marktwirtschaft entwickelte sich vor allem vor dem Hintergrund des aufstrebenden Bürgertums im 18. und 19. Jahrhundert, als der Adel seine Vorrechte verlor. Im Zeichen der zunehmenden Industrialisierung entstand die Idee der Zentralverwaltungswirtschaft in der zweiten Hälfte des 19. und zu Beginn des 20. Jahrhunderts, als negative soziale Folgen der raschen Industrialisierung für breite Schichten deutlich spürbar wurden.

Die extrem gegensätzlichen Grundideen des **Individualismus** (Vorrecht des Einzelnen) und des **Kollektivismus** (Vorrecht der Gemeinschaft) sind in diesen historischen Prozessen zum Tragen gekommen; der Individualismus kommt im Modell der freien Marktwirtschaft, der Kollektivismus in dem der Zentralverwaltungswirtschaft zum Ausdruck:

Freie Marktwirtschaft

- Produktionsmittel sind in privatem Eigentum.
- Art, Menge und Preis der Güter werden durch private Unternehmen im Wettbewerb bestimmt.
- Die Erwirtschaftung von privatem Gewinn und die Erzielung eines möglichst hohen Wirtschaftswachstums stehen als wirtschaftliche Ziele im Vordergrund.

Zentralverwaltungswirtschaft

- Produktionsmittel sind in staatlichem Eigentum.
- Art, Menge und Preis der Güter werden durch den Staat im Voraus festgelegt.
- Die Bedarfsdeckung und die Vollbeschäftigung stehen als wirtschaftliche Ziele im Vordergrund.

Als **Vorteile** können bei der freien Marktwirtschaft beispielsweise der wettbewerbsbedingte Anreiz zu wirtschaftlicher Effektivität und technischem Fortschritt mit der Folge relativ hohen Wirtschaftswachstums genannt werden. Die Zentralverwaltungswirtschaft weist z. B. die Vorteile einer garantieren Vollbeschäftigung und einer gesicherten Grundversorgung auf.

Nachteile der freien Marktwirtschaft bestehen beispielsweise in der Gefahr der Monopolbildung, also eine Einschränkung des Wettbewerbs und als Folge der ungleichen Machtverteilung in einer Benachteiligung oder im Extremfall sogar Verarmung der Arbeitnehmerschaft. In der Zentralverwaltungswirtschaft sind als Nachteile z. B. ein knappes Warenangebot und entsprechende Versorgungslücken zu nennen, die aufgrund der Unmöglichkeit langfristiger staatlicher Vorausplanung des individuellen Bedarfs entstehen.

III. Realtypen

Als realtypische Wirtschaftsordnungen standen sich bis Ende der 80er Jahre die **soziale Marktwirtschaft** demokratischer Staaten und die **sozialistische Planwirtschaft** kommunistischer Staaten gegenüber. Nach dem Zusammenbruch der sozialistischen Wirtschaftsordnungen vor allem in Osteuropa gibt es die sozialistische Planwirtschaft heute nur noch in Kuba und Nordkorea. Vorherrschend sind heute unterschiedliche Ausprägungen der sozialen Marktwirtschaft. Ihr Grundgedanke ist es, wirtschaftliche Freiheit und staatliche Steuerungsmöglichkeiten zum Schutz vor sozialer Ungerechtigkeit zu verbinden. In der Bundesrepublik Deutschland, als Land im Zentrum des Ost-West-Konfliktes, wurde von dem ersten Wirtschaftsminister Ludwig Erhard und seinem Staatssekretär Alfred Müller-Armack eine soziale Marktwirtschaft als Weiterentwicklung der freien Marktwirtschaft begründet. Ziel war die Verwirklichung eines allgemeinen Wohlstandes sowie sozialer Sicherheit und Gerechtigkeit vor dem Hintergrund der Wiederaufbauphase.

Die Konzeption der **sozialen Marktwirtschaft** wird durch folgende Hauptelemente bestimmt:

• Eigentumsordnung:	Wirtschaftliche Entscheidungsfreiheit ist durch gesetzlich geschütztes Privateigentum und freies Vertragsrecht gewährleistet.
• Wettbewerbsordnung:	Der Staat stellt die Regeln für einen funktionsfähigen Wettbewerb auf und überwacht sie.
• Sozialordnung:	Ein System sozialer Sicherheit soll diejenigen vor Verarmung schützen, die zur Bestreitung des Lebensunterhalts kein ausreichendes Einkommen erzielen können.
• Geld- und Währungsordnung	Die Geldversorgung und die Geldwertstabilität werden durch eine vom Staat unabhängige Zentralbank gesichert.

Obwohl die Wirtschaftsordnung in der Bundesrepublik Deutschland nicht durch die Verfassung geregelt wird, lassen sich aus einzelnen Artikeln des Grundgesetzes Merkmale der Wirtschaftsordnung ableiten. So wird Deutschland als ein demokratischer und sozialer Bundesstaat (GG Art. 20) bezeichnet, es werden freie Berufswahl (GG Art. 12), das Recht auf Eigentum (GG Art. 14) und die Tarifautonomie als Teil des Koalitionsrechts (GG Art. 9) garantiert.

Die Idee der sozialen Marktwirtschaft wird weltweit in verschiedenen Ausprägungen realisiert und diskutiert. So ist in Deutschland zum einen aufgrund der zunehmenden Sorge um eine gesunde Umwelt seit den 80er Jahren der Trend zur **ökologischen Marktwirtschaft** im Gespräch. Der Grundgedanke ist hierbei, wirtschaftspolitische und umweltpolitische Maßnahmen zu koordinieren. Zum anderen gibt es im Zeichen der weltweiten Globalisierungsdebatte den Trend zur Deregulierung, also zu weniger staatlicher Steuerung und mehr wirtschaftlicher Freiheit, in der Regel aber auch zu einem Abbau von sozialen Leistungen.

Das bevölkerungsreichste Land der Welt, die Volksrepublik China, hat sich im Rahmen der weltweiten Veränderungen von der sozialistischen Planwirtschaft zu einer **sozialistischen Marktwirtschaft** entwickelt.

Handlungsorientierter Unterricht und die Aneignung von Fachwissen müssen nicht als Gegensatz verstanden werden. Die folgenden abgedruckten Fachbegriffe sind dazu geeignet, das mithilfe des Arbeitsheftes erworbene Fachwissen auf spielerische Weise zu überprüfen und zu vertiefen. Die mit Begriffen gefüllten Rechtecke sollten ausgeschnitten werden, sodass einzelne Kärtchen entstehen.

Spielanleitungen

1. Verteilen Sie die Kärtchen gleichmäßig auf die vorhandenen Gruppen in der Klasse. Abwechselnd zieht jedes Gruppenmitglied eine Karte und muss den Begriff mit eigenen Worten erläutern. Die anderen Gruppenmitglieder können vertiefende Fragen stellen.
2. Die Lerngruppe/Klasse bildet zwei Teams, denen abwechselnd ein Begriff zur Beantwortung zugeteilt wird. Innerhalb einer vorgegebenen Zeit muss die Gruppe den Begriff erläutern. Bei Nichtbeantwortung erhält die andere Gruppe die Chance zur Antwort. Zwei bis vier Schüler/-innen sollten als Schiedsrichter/-innen fungieren, die die Verteilung der Kärtchen und die Richtigkeit der Antworten mithilfe des Arbeitsheftes überprüfen und an der Tafel die Punkte notieren. Für jede richtige Antwort gibt es einen Punkt. Gewonnen hat die Gruppe mit den meisten Punkten.

   Viel Spaß!

Anschriftenverzeichnis

zur Anforderung wirtschaftspolitischer Informationen

INSTITUTION:	POSTADRESSE:	TELEFON:	FAX:	INTERNET:
Staatliche Institutionen:				
Bundesministerium der Finanzen Referat Öffentlichkeitsarbeit	Wilhelmstraße 97 10117 Berlin	030 22420	+49030 22423260	www.bundesfinanz ministerium.de
Bundesministerium für Wirtschaft und Technologie	Scharnhorststr. 34–37 10115 Berlin	01888 6159	018 88 6157010	www.bmwi.de
Bundesministerium für Arbeit und Sozialordnung	Wilhelmstr. 49 10117 Berlin	01888 5270	018 88 5271922	www.bma.de
Bundesministerium für Familie, Senioren, Frauen und Jugend	Taubenstr. 42/43 10117 Berlin	01888 5550	01888 5551145	www.bmfsfj.de
Bundesministerium für Verbraucherschutz, Ernährung und Landwirtschaft	Wilhelmstraße 54 10117 Berlin PA.: 11055 Berlin	030 2006–0	030 2006–4262	www.bml.de
Bundesministerium für Umwelt, Naturschutz u. Reaktorsicherheit	Alexanderplatz 6 10178 Berlin	01888 305–0	01888 305–4375	www.bmu.de
Bundesministerium für Bildung und Forschung	Hannoversche Str. 28–30 10115 Berlin PA.: Postfach 229 10160 Berlin	030 28540–0	030 2854 0–5270	www.bmbf.de
Bundesministerium für wirtschaftl. Zusammenarbeit und Entwicklung	Europahaus Stresemannstraße 92 10963 Berlin	030 2503–0	01888 535–3500	www.bmz.de
Presse- und Informationsamt der Bundesregierung	53105 Bonn und Mohrenstr. 36–37 10117 Berlin	Servicetelefon: 0180 5221996 Euro-Line: 0180 5221999	0180 5221997	http://www. bundesregierung.de
Deutscher Bundestag Referat Öffentlichkeitsarbeit	Platz der Republik 1 11011 Berlin	030 227–37453	030 26999–322	www.bundestag.de
Weitere Institutionen:				
Bundeszentrale für politische Bildung	Berliner Freiheit 7 53111 Bonn	0228 5150	515–113	www.bpb.de
Europäische Kommission – Vertretung in der Bundesrepublik Deutschland –	Unter den Linden 78 10117 Berlin	030 2280–2000	030 2280–2222	www.eu-kommission. de
Umweltbundesamt	Postfach 33 00 22 14191 Berlin	030 8903–0	8903–2285	www.umweltbundes amt.de
Deutsche Bundesbank	Postfach 10 06 02 60006 Frankfurt a. M.	069 9566 – 3512 oder 3457	069 9566–3077	http://www. bundesbank.de
Europäische Zentralbank (EZB)	PF 16 03 19 60066 Frankfurt a. M.	069 272270	27227–227	www.ecb.int
Forschungsinstitute:				
Deutsches Institut für Wirtschaftsforschung (DIW)	PA: Briefpost, PLZ 14191 Königin-Luise-Str. 5 14195 Berlin	030 89789–0	89789–200	www.diw.de
Ifo Institut für Wirtschaftsforschung	PA: PF 86 04 60 Porschingerstr. 5 81679 München	089 9224–0	9224–1267 985369	www.info.de

INSTITUTION:	POSTADRESSE:	TELEFON:	FAX:	INTERNET:
Forschungsinstitute:				
Institut der deutschen Wirtschaft e.V. (IW)	G.-Heinemann-Ufer 84–88 50968 Köln	0221 4981–592	4981–592	www.iwkoeln.de
Institut für Weltwirtschaft an der Universität Kiel (IfW)	Düsternbrooker Weg 120 24105 Kiel	0431 8814–1	8814–500	www.uni-kiel.de:8080/ifw
Institut für Wirtschaftsforschung Halle (IWH)	PA: PF 16 02 07 PLZ 06038 Delitzscher Str. 118 06116 Halle	0345 7753–700 –701	7753820	www.iwh.uni-halle.de
HWWA – Institut für Wirtschaftsforschung Hamburg	Neuer Jungfernstieg 21 20347 Hamburg	040 3562–0	351900	www.hwwa.de
Rheinisch-Westfälisches Institut für Wirtschaftsforschung e.V. (RWI)	Hohenzollernstr. 1–3 45128 Essen	0201 8149–0	8149–200	www.rwi-essen.de
Arbeitgeber-Institutionen:				
Bundesvereinigung der Deutschen Arbeitgeberverbände	Breite Str. 29 10178 Berlin	030 2033–0	030 2033–1055	www.bda-online.de *oder* www.arbeitgeber.de
Bundesverband der Deutschen Industrie e.V. (BDI)	Breite Str. 29 10178 Berlin	030 2028–0		www.bdi.online.de
Deutscher Industrie- und Handelskammertag (DIHT)	Breite Str. 29 10178 Berlin	030 20308–0	030 20308–1000	http://www.ihk.de/diht
Zentralverband des Deutschen Handwerks	Mohrenstr. 20/21 10117 Berlin	030 20619–0	030 20619–460	www.zdh.de
ArbeitNEHMer-Institutionen:				
Deutscher Gewerkschaftsbund (DGB)	PF 10 10 12, PLZ 4001 Hans-Böckler-Str. 39 40476 Düsseldorf	0211 4301–0	4301–471 –324	www.dgb.de
Vereinigte Dienstleistungsgesellschaft e. V. (ver.di)	Jägerstr. 6 10117 Berlin	0180 2222277		www.verdi-net.de
Politische PARTEIEN:				
Bündnis 90/Die Grünen	Platz vor dem Neuen Tor 1 10115 Berlin	030 2 8442–0 oder 030 28391800	030 28442–210	http://www.gruene.de
Christliche Demokratische Union Deutschlands (CDU)	Klingelhöferstr. 8 10785 Berlin	030 22070–0	030 22070–111	http://www.cdu.de
Christlich Soziale Union (CSU)	Nymphenburger Str. 64–66	089 1243–204	1243–258	www.csu.de
Freie Demokratische Partei Deutschlands (FDP)	Thomas-Dehler-Haus Reinardtstr. 14 10117 Berlin	030 2849580	030 28495822	http://www.liberale.de
Partei des Demokratischen Sozialismus (PDS)	Kleine Alexanderstr. 28 10178 Berlin	030 24009–0	2411046	www.pds-online.de
Sozialdemokratische Partei Deutschlands (SPD)	Willy-Brandt-Haus Berlin Wilhelmstr. 140 10963 Berlin	030 25991–0	25991–410	http://www.spd.de

Stichwortverzeichnis

Methodische Fachbegriffe aus dem Bereich der Pädagogik sind *kursiv* gedruckt.

FEEDBACK-FAX

Von: **Name:**
(freiwillige Angaben) **Datum:**

Bundesland:

Ausbildungsberuf bzw. Schulform: **Anzahl Seiten:**

An: **Winklers Verlag**
im Westermann Schulbuchverlag GmbH
Programm 3
Postfach 11 15 52
64230 Darmstadt
Telefon **06151 8768-57**
Fax **06151 8768-60**
Internet http.//www.winklers.de
E-Mail service@winklers.de

TELEFAX

Arbeitsheft Wirtschaftspolitik / Wirtschaftsordnung

1. Wie viel Zeit haben Sie insgesamt für die Bearbeitung des Arbeitsheftes benötigt?

   Angabe in Stunden: ☐

2. Bei welchen Aufgaben hatten Sie Probleme? Aufgaben-Nr.: ____________________

3. Wie beurteilen Sie das Arbeitsheft insgesamt hinsichtlich des Schwierigkeitsgrades?

   ☐ leicht ☐ mittel ☐ schwer

4. Wie viel Prozent des Arbeitsheftes haben Sie bearbeitet?

   ☐ 50 % ☐ 75 % ☐ 90 % ☐ 100 %

5. Haben Sie die im Anhang enthaltenen Rollenkarten bearbeitet?

   ☐ Ja ☐ Nein

6. Haben Sie eine Zukunftswerkstatt zur Wirtschaftsordnung durchgeführt?

   ☐ Ja ☐ Nein

7. Welche kritischen Hinweise und weiteren Anregungen können Sie dem Autorenteam geben?

   ____
   ____
   ____
   ____
   ____
   ____
   ____

Die nachfolgenden Rollenkarten (s. ab Seite 77) können entsprechend der Aufgabe 10 auf Seite 55 eingesetzt werden.

Die zusätzliche achte Blankorollenkarte kann ausgefüllt werden um einen zusätzlichen Bundesminister in das Rollenspiel einzubinden.

Bildquellenverzeichnis:

Fotostudio Druwe/Polastri, Cremlingen-Weddel: Seiten 6 (Porträtfotos), 8, 10, 21, 27, 30, 49 u., 55, 56, Rollenkarten (7 Fotos)

Globus Infografik, Hamburg: 13 (2), 14, 17 (3), 19, 37 (3), 38, 47, 48

Horst Haitzinger: 40

Presse- und Informationsamt der Bundesregierung - Bundesbildstelle -, Bonn: Seiten 6 o.r. und 46

Klaus Richter, Braunschweig: Seiten 49 o., 63, 66

Erich Schmidt Verlag, Berlin: 50, 57 (2), 58 (4)

Süddeutsche Zeitung, München: 37

Zeichnungen: LITHOS, Braunschweig

Umschlaggestaltung: Westermann Grafik- und Design-Studio, Braunschweig, unter Verwendung eines Fotos von Fotostudio Druwe und Polastri, Weddel

Abschreibungspolitik	Export
Abschwung	Exportquote
Antizyklische Konjunkturpolitik	Fazilitäten
Arbeitslosenquote	Fiskalpolitik (Instrumente)
Arbeitslosigkeit (Gründe)	Freie Marktwirtschaft
Arbeitslosigkeit (versteckte)	Frühjahrsgutachten
Arbeitsmarkt	Geldpolitik (Instrumente)
Aufschwung	Geldwertstabilität
Außenhandel	Globalisierung
Boom	Handelsbilanz
Bruttoinlandsprodukt	Hochkonjunktur
Bruttosozialprodukt	Hochpunkt
Bundesbank (Aufgaben)	Idealtypen
Bundesbank (rechtliche Stellung)	Import
Depression	Importquote
Dienstleistungen	Interessengruppe
Direktinvestitionen	Internationaler Wettbewerbsdruck
Direktorium (EZB)	Konjunkturanalyse
Europäische Zentralbank (EZB)	Konjunkturindikatoren
EZB (geldpolitische Instrumente)	Konjunkturphasen
Expansion	Konjunkturprognose

Konjunkturverlauf	Strukturpolitik
Konjunkturtief	Strukturveränderungen (Wirtschaft)
Konjunkturzyklus	Subventionspolitik
Kreditpolitik	Tenderverfahren
Landeszentralbank	Tiefpunkt
Langzeitarbeitslosigkeit	Wachstumskritik
Lombardpolitik	Wachstumstrend
Mindestreserve	Welthandelsvolumen
Nachfragepolitik	Weltmarkt
Neue Arbeitsmarktpolitik	Wettbewerbsdruck (international)
Ökologische Marktwirtschaft	Wirtschaftspolitik (Instrumente)
Ökologischer Umbau	Wirtschaftsordnungen
Offenmarktgeschäfte	Wirtschaftswachstum
Realtypen	Zentralverwaltungswirtschaft
Refinanzierungsgeschäfte	Ziele (Stabilitätsgesetz)
Rezession	Zielkonflikte
Sparpolitik	Zinstender
Soziale Marktwirtschaft	Zukunftstechnologien
Sozialsystem	
Stabilitätsgesetz	
Steuerpolitik	

ROLLENKARTE

Name:
Herr Wülfing

Bundesminister für Wirtschaft und Technologie

Ressortverständnis/Interessenstandpunkt:

- Zukunftsweisende Wirtschafts- und Strukturpolitik
- Ausbau internationaler wirtschaftlicher Zusammenarbeit

ROLLENKARTE

Name:
Frau Hohenfeldt

Bundesministerin für Familien, Senioren, Frauen und Jugend

Ressortverständnis/Interessenstandpunkt:

- Frauenförderung
- Gesellschaftliche Berücksichtigung spezieller Altersgruppen (z. B. Jugendliche, Senioren)

ROLLENKARTE

Name:
Herr Baumgartner

Bundesminister für Umwelt, Naturschutz und Reaktorsicherheit

Ressortverständnis/Interessenstandpunkt:

- Förderung des ökologischen Bewusstseins
- Ökologische Strukturveränderungen

ROLLENKARTE

Name:
Frau Hartwig

Bundesministerin für Arbeit und Sozialordnung

Ressortverständnis/Interessenstandpunkt:

- Zukunftsweisende Arbeitsmarktpolitik
- Anpassung des Sozialsystems an gesellschaftliche Strukturveränderungen

ROLLENKARTE

Name:
Frau Dr. Goldbach

Bundesministerin für Bildung und Forschung

Ressortverständnis/Interessenstandpunkt:

- Anpassung des Bildungssystems an gesellschaftliche Strukturveränderungen
- Förderung von Zukunftstechnologien

ROLLENKARTE

Name:
Frau Hasselbach

Bundesministerin der Finanzen

Ressortverständnis/Interessenstandpunkt:

- Abbau staatlicher Verschuldung
- Förderung staatlicher Einnahmen

ROLLENKARTE

Name:
Frau Maas

Bundesministerin für wirtschaftliche
Zusammenarbeit und Entwicklung

Ressortverständnis/Interessenstandpunkt:

- Förderung der Zusammenarbeit mit Entwicklungsländern
- Strukturhilfen für wirtschaftlich schwache Regionen im Ausland

ROLLENKARTE

Name:

Bundesminister/-in

Ressortverständnis/Interessenstandpunkt: